U0129324

日本將不復存在

天譴一個民族

陳福成 著

文 學 叢 刊

文史哲出版社印行

國家圖書館出版品預行編目資料

日本將不復存在：天譴一個民族 / 陳福成著.
　-- 初版 -- 臺北市：文史哲出版社,
民 111.07
　　頁；　　　公分--（文學叢刊；462）
　ISBN 978-986-314-610-0（平裝）

535.731　　　　　　　　111010060

文　學　叢　刊　462

日本將不復存在
天譴一個民族

著　　　者：陳　　　福　　　成
出　版　者：文　史　哲　出　版　社
　　　　　http://www.lapen.com.tw
　　　　　e-mail：lapen@ms74.hinet.net
登記證字號：行政院新聞局版臺業字五三三七號
發　行　人：彭　　　正　　　雄
發　行　所：文　史　哲　出　版　社
印　刷　者：文　史　哲　出　版　社
臺北市羅斯福路一段七十二巷四號
郵政劃撥帳號：一六一八○一七五
電話886-2-23511028・傳真886-2-23965656

定價新臺幣二四○元

二○二二年（民一一一年）七月初版

序　日本將不復存在：天譴一個民族

世界級大資本家特斯拉執行長馬斯克，在今（二〇二二）年五月，發表嚴峻的宣言，主題是「日本將不復存在」。這個論述，成為二〇二二年全球最夯的話題，遠超俄烏大戰的熱度。

何謂「日本將不復存在」？直白的說，就是日本這個國家將要滅亡了，連「大和民族」也不見了，亡族亡國。之後，地球上、吾國東海邊，就沒有「日本」這個邪惡的國家，也沒有所謂「大和」這個「大不和民族」。真是好消息，人類甚幸！亞洲甚幸！中國甚幸！

關於日本的滅亡，是許多科學家的預測，主要是馬尼亞納海溝「北擴」，使日本列島地層「空洞化」；加上大地震引富士火山爆發，使日本列島全部在瞬間，就沈入太平洋最深處，人，當然就無一存活！天譴！

老天爺幫忙解決了亞洲大患，處理掉中國人最痛恨的劣種惡鄰居，老天有眼。日本「不復存在」，還有一個可能，就是本世紀中葉前，吾國以核武滅之。

台北公館蟾蜍山萬盛草堂　主人陳福成　誌於
佛曆二五六五年、西曆二〇二二年五月

日本將不復存在

——天譴一個民族　目　次

頌臺灣高產作家陳福成教授著《日本問題的終極處理》一書應時發表

優寇的克崖

《鳳梅人》報業總編劇佳智先生惠存 於癸巳仲秋古魏正平之

以本書獻給

廿一世紀的中國人

世世代代　生生世世的

炎黃子孫

陳福成

2013

台北

1937 年 12 月 13 日開始，日軍進入南京城展開大屠殺。

日本報紙（Japan Advertiser）報導兩個日本軍官比賽
誰先斬獲一百個中國人的頭。

日軍斬頭比賽實景之一
（圍觀之日軍皆笑）

日軍斬頭比賽實景之二
（刀剛過頸時，人頭尚未落地）

被斬下之中國人的頭

日軍圍觀用活的中國人練習劈刺術

日軍用活的中國人練習刺殺

日軍圍觀活埋中國軍民

被集體屠殺之中國軍民

無數被日軍集體屠殺之中國軍民遭棄屍江邊

手腳被綁在椅子上之中國婦女遭日軍輪姦

中國婦女遭日軍強姦後被刺刀刺入陰戶致死

日軍強姦中國婦女後拍照留作侵華紀念

抗日戰爭勝利後，盟軍調查人員在被日軍殺害之「萬人塚」前留影

第一部 一個歷史罪惡的源頭

緒　論

人類社會從古至今，戰爭從未唱過休止符，且隨著文明文化之進步，「戰爭機器」卻日愈先進且壯大，使戰爭規模愈大，殺傷力更大，地球上的戰火更多了！預判人類社會的未來，還是免不了戰爭！戰爭！

這種情形只能說人類的習性加上文明文化發展的「負」作用，使戰爭合理化、常態化。畢竟，為爭生存、發展、反抗壓迫，有時不得不使出極端手段。當代最有名的實例，如伊斯蘭世界為反抗美國為首的基督世界透過資本主義剝削、壓迫，正式戰爭又非美軍對手，乃發展出「無形組織基地」對英

美社會進行恐怖攻擊，賓拉登的「九一一」只是幹下最大票的一個。

賓拉登雖幹下「九一一」，但他只是要美國改變政策，給阿拉伯世界的安拉子民一個自主的生存空間，這是偉大的情操，所以他才是阿拉伯世界的英雄；他並沒有企圖要佔領美國、統治美國或要奴役美國人。所以，「九一一」事件美國活該！美國人罪有應得！

希特勒的納粹集團雖然也可惡，但他止於為害一代，二戰後的德國人基本上有反省、有認錯、有賠償（給受害猶太人家屬）、有道歉。後代的德國人並未將侵略、佔領別國，持續又訂為一種國家政策，或通過「政治社會化」（Political Socialization）過程，培養國民習性的「政治文化」（Political Culture），使國民對國家的侵略政策在無形中，再建立了「政治價值」和「政治效忠」的習性。因此，流著日耳曼血統的德國人，依然是可敬的族群，他們有一代可惡，有一代犯錯，並沒有世世代代都犯錯下去！

但地球上卻有一個不良的種族，他們數百年來對外侵略都成為國家政策，世世代代教養國民以對外侵略為他們「民族之天命」，這就是以大和民族自居的日本國。（可先參閱附件二）數百年，日本人對四鄰發動無數次大小侵略戰爭、大小屠殺，死傷超過希特勒殺猶太人的百倍之上。但這個侵略成性的倭寇鬼子族，對於數百年來造成幾億人傷亡的大災難，從不認錯！不道歉！不賠償！世世代代視為應該！視為合理！現在，他們正在大力復興軍國主義精神，未來數十年內，至少本世紀上半葉內，必將再對鄰國發動侵略戰爭。

亞洲各遭受日本侵略的各民族，各國家，你們要怎麼辦？大家要面對的大災難要怎麼辦？你世世代代祖居之地有個惡鄰居，他們曾經殺害了你的曾曾祖父母，又殺了你曾曾祖父母、曾祖父母、祖父母及父母，還有很多親友，現在你和兒孫又受他威脅，怎麼辦？讓日本鬼子再來侵略一回，把你們的婦女捉去先姦後殺嗎？年輕美麗的送去日本軍營當慰安婦嗎？地球上唯一

不該存在的惡質劣等種族，就是自稱大和民族的日本鬼，必須有方法將他們徹底清除掉！本書以下把這問題說明白講清楚。

第一章　問題源頭

——武士民族的侵略性首次自「魔盒」竄出

這個由我國秦朝徐福所率領五百童男和五百童女所繁衍下來的種族，因和大陸一水之隔，發展出個別性頗殊異的文化。到了我國唐代，他們派了很多「遣唐使」來學習中華文化。因此，所謂的「大和民族」，在以後的數百年間，其實都屬於所謂的「中華文化圈」內，是一個愛好和平的民族。

但大約到了十六世紀初，這個民族因一些政治野心家的煽動，開始質變出狼子野心侵略性，認為向亞洲大陸擴張是武士民族的「天命」。他們忘記中

華文化的「武」是「止戈」之義，而不是侵略和佔領。

當時有兩個最邪惡的野心家，一個叫織田信長，一個叫豐臣秀吉。這兩人都說過這樣的話，「我不幸生在這東洋小島！這彈丸之地不足我揮灑！」

原來當時已有許多日本野心家，早已覬覦中國地大物博，物產豐美，織田信長當國時代（西元一五六七—一五八二），先提出「假道朝鮮西征中國」之大戰略構想，並向人民進行有計畫的宣傳洗腦（即政治社會化），謂將大陸及週邊島嶼納入日本版圖，是大和民族之「天命」，遲早必須完成此項民族大業。

我國明萬曆十年（一五八二年），豐臣秀吉繼織田信長而起，以武力平定各反對勢力，即整軍經武，提出「統合日中朝」三國合一的戰略計畫，宣告國民要統一東亞，終結中國和朝鮮，建設「大日本帝國」。

經十年準備，打算以一年多時間消滅中國。當時日本已有三十三萬兵力、

朝鮮二十萬軍、大明八十萬軍。

明萬曆二十年（西元一五九二年、朝鮮宣祖二十五年、日文綠元年）四月十三日，日軍以小西行長為先鋒，率二萬軍，大小艦艇七百艘，由對馬渡海奇襲釜山，才四天朝鮮第一線全告瓦解。倭國軍隊以兩路北進，沿途望風披靡，所遇朝鮮軍竟皆不戰而降，在歷史上，朝鮮國防都建立在「等中國援軍」為反敗為勝之唯一途徑。

同年五月，倭軍圍攻漢城，時漢城守將李陽元、金命元為都元帥守漢江，見倭國鬼子大軍氣盛，望敵而懼，竟先棄部隊不顧，化裝逃亡。倭軍兵不血刃，拿下漢城再北進平壤，竟也未戰就拿下平壤，到六月上旬，以不到兩個月時間，就亡了朝鮮國而佔領整個半島。

朝鮮國王李日公與一千臣民逃至義州（在鴨綠江邊），等待大明皇帝的援軍復國。

在明朝方面，戚繼光等名將早已謝世，所以這時的萬曆皇帝正苦於兵多

無將之困境，主持國防是一個叫石星的書生，反應太慢，到朝鮮已全部淪亡，

才感覺事態嚴重。八月才頒佈動員令，任命兵部侍郎宋應昌為援朝經略，總兵

李如松為東征提督，大軍準備開往朝鮮半島，拉開歷史上第一次中日大戰，

史稱「中日朝鮮七年戰爭」。

而這也是倭國那些狼子野心政客向人民宣傳洗腦「征服中國論」後，侵

略性的武士種族打開了「魔盒」，魑魅魍魎竄出的第一次對外侵略「試刀」，

第一次實踐所謂「大和民族的天命」。

這場戰爭經過在許多軍事戰史有詳載，不須贅言，只講結論，從萬曆二

十年四月起，到萬曆二十六年底，倭軍被全部殲滅止。先前中朝諜報人員得

知一項密件，豐臣秀吉已在八月十三日病歿，死前有「公開」的正式遺命：

（一）德川家康繼掌國政，收拾殘局。

（二）表示戰爭時機不對，錯估大明情勢，防明軍大舉來報。

（三）儘快從朝鮮撤兵，「勿使十萬兵成海外鬼」。

但有未公開的「密令」，仍稱征服亞洲，建立「大日本國」為亞洲盟主，是大和民族世世代代之「天命」，要完成這天命只有消滅中國。此項所謂「天命」之說，在日本高層代代都有共識的傳承者，乃至一些文人作家也都以完成天命創作，用以影響他們的人民。

這場戰爭造成的財物損失不計其數，人命死亡總數，日軍二十萬在朝鮮戰死、朝鮮軍二十萬有九成亡，明軍二十二萬約三成戰死。但死亡最多是朝鮮平民，因為日軍每到一城就姦殺擄略，進行大規模「屠城」。在一本朝鮮戰後的書叫《亂中雜錄》說：「喪亂之餘，死民之八九矣！舉國陷入絕境，土崩瓦解，險些滅種！」

總計這場倭國魔鬼開啟的無端戰爭，三方正規軍死亡總數約五十五萬

人，最慘的是朝鮮平民，被日軍屠殺及因戰事而亡者至少數百萬，否則怎可能「險些滅種」？如今這個全韓國的「民族之仇」，南韓人民早已忘了，北韓人民仍記著，兩韓應停止內鬥，共同對付倭鬼才是，日本一日不亡，朝鮮和中國便一日不安全。因為武士民族的侵略性永不消失，遲早發動征服中國之戰，朝鮮是第一戰要拿下的目標。

朝鮮七年之戰，倭軍雖被全殲，但大和民族的「天命」之說已經誕生了，他們世世代代的高層統治者、野心家都傳承了這個天命，向全民宣傳洗腦，人民亦以為是。此後的數百年，全亞洲都慘了！一波波的戰爭！一波波的屠殺！無數人命傷亡，都因這個武士民族的狼子野心，災難永不休止。

第二章 大和民族給亞洲的災難

——血債應血還

朝鮮七年之戰役後，日本進入長期休養生息狀態，十八世紀後啟動一系列政治改革，此期間沒有對外侵略，與他們的「閉關」政策有關，而「天命」之說在他們的大內高層也並未遺忘，武士的魔性侵略幽魂隨時會被大和子民喚醒。根據各種史料證據得知，十八世紀中葉後，倭國的教育體系中已啟動了「國家洗腦機制」，開始教育小孩美麗的夢想、希望在中國的某地等，以及「大日本國」的國境線應向外擴張到中國的某處，凡此不擇手段，人民不知

不覺都被洗腦了，這是地球上最惡質的種族，最不該存在的物種。十九世紀開始他們的擴張行動，四鄰災難於焉臨頭，條列大要如下：

△一八七三年四月：中日《修好條規》交換批准。次年倭人即背信於五月出兵台灣（即牡丹社事件），是第一次出兵台灣，滿清還償日本銀款五十萬兩。

△一八七九年四月：倭國併吞琉球，作為從海上進兵中國的第一起站。（琉球至今仍是中國領土，我國遲早要收回。）

△一八八二年起：倭人不斷在朝鮮製造兵變、政變、兇殺案件，準備吞併朝鮮。

△一八九四年八月：是年五月，倭人在朝鮮挑起爭端，六月朝鮮請清政府派兵入朝，清兵入朝，八月中日「甲午戰爭」爆發。至次年滿清戰敗，簽《馬關條約》台灣再次被倭人佔領。

△一八九四年十一月：倭國佔領旅順、大連兩城，在兩城進行大屠殺，平民死者數萬，旅順全城活口只剩三十六人。

△一九○○年：倭國亦是八國聯軍中的主要劊子手。

△一九○四年二月：日俄戰爭在中國領土開戰，倭國再佔領遼東半島。此期間，亦有無數平民死於日俄之戰。

△一九一○年八月：倭國正式吞併朝鮮。

△一九一一年：加強干涉辛亥革命，同時積極策劃「滿蒙獨立運動」。此時倭人的「亡華戰略」已有進步，他們計畫先分裂再逐一消滅。

△一九一五年：向袁世凱提出滅亡中國的「二十一條件」。

△一九一六年：三月倭國又策動第二次「滿蒙獨立」，八月「鄭家屯事件」，九月「朝陽坡事件」，都是倭人以實兵進行武裝挑起戰火。

△一九二○年：倭軍入侵我吉林省，五月製造「五卅慘案」，十二月倭人

侵入東北。

△一九二七年：四月倭軍在漢口製造「四‧三慘案」，七月登陸青島，侵入濟南。次年製造「濟南慘案」，殺我平民六千多人。

△一九二七到一九三七年：對倭人而言，這十年算是對中國發動全面戰爭的「緒戰」，已有無數中國子民無端的死在倭國的侵略戰火下。

△一九三七到一九四五年：倭國全面進攻中國，是我國的八年抗戰，人命財產國寶等損失，不可計量，光是人命而言，未計其他鄰國，我國戰死軍人約三百多萬，平民因戰爭而亡也上看七、八千萬人，這其中有包涵南京大屠殺在內的數百萬人民，是被倭鬼用各種方法殺害的。而因戰亂間接死亡的人，更不可計量！

△**其他各國傷亡**：包括倭國偷襲美國珍珠港，為獲取戰略物質，入侵佔領安南、新加坡、馬來西亞、菲律賓、印尼，及美國投入兵力的傷亡，亦難

以估計。

而在倭國自身，也有數百萬軍人死在戰場，平民之亡應不在少數，為了他們先人留下一則「侵略神話」，這個民族便生生世世中邪了，變質了！失去人類的本性，不會反省、不會檢討，只會殺人、吃人和強姦女人。這樣的種族存在地球，是地球的禍源。存在亞洲則是亞洲的災難！要怎麼辦？血債只有血還！要怎麼還？

很多人都說日本要賠錢，那全是空話，倭人連道歉都不說，不承認侵略罪行，怎可能賠款？再百年也要不到半文賠款！只有血債血還一途！為救地球、救亞洲、救人類，必先滅了這個「異形」！

這個已俱「天生侵略性」的劣質種族，不該存在地球上還有一個理由。

根據吾國當代著名思想家、詩人吳明興博士，對「倭種源流」有深入研究，倭人是人類從獸性進化至今，保留最多獸性的物種，他們不會「笑」，又不會

「哭」就是證據，只是一種欠缺人性的「類人」，更實在的說，他們是「類人」

再質變的「異形」，絕不能存活在地球上。

第三章　二戰後倭國快速重返軍國之路

倭國為四鄰帶來無數天大的災難，包涵自身人民也傷亡慘重，二戰雖以「無條件投降」，但數十年來全世界可曾聽聞該國政府道過歉？說過要賠償？從未有過。不僅如此，倭國愈來愈強硬了！高官帶頭參拜靖國神社（二戰戰犯放骨灰之處），聲稱「慰安婦」是自願的，是她們感到光榮的；以及在教育體系中，又開始「美化」他們的戰爭罪行，稱他們先祖對四鄰的侵略並非「戰爭」，而是大和民族在「天命」實踐過程中，一種必要的「敉寧」作為，這些都只是二戰後數十年他們內部的「文事」。這樣經過半個世紀的「清洗再清

洗」，現在日本年輕一代完全不知道他們的父祖輩的獸行和侵略（詳見書後附件一），世界各國（尤其亞洲各受害國），全都束手無策！怎麼辦？

而在「武備」方面，二戰一結束不久，倭國就已開始一步步進行復興軍國主義之路，他們一步一步幹，有時退一步進兩步，以應付四鄰的反對聲浪。

重返軍國之路大致有以下軌跡可看出，他們遲早還要對四鄰（主要是中、韓）發動戰爭，中、韓兩國應有警惕，或先下手為強：

一、從民間工商界發動「產業與軍事一體」

從民間發動這種「軍事化國家」，可以降低在國際上的敏感度，可以騙過很多眼睛，而「民間呼聲」當然背後有一股神秘的勢力在推動著。所以二戰後經二十年休養醞釀，到一九六九年十月，當時防衛廳長官有田提出擴張軍備方案，在《第四次防衛計畫大綱》考量：

（一）增強海上防衛力量。

（二）充實空中攔截作戰能力，提高空防戰力。

（三）提高反登陸、反空降作戰能力。

（四）軍用武器、裝備國產化。

（五）在琉球佈署機動力高、獨立性強的戰力。（註：注意！琉球至今仍是我中國之領土。）

以上只有少部份是守勢作戰思維，大部是攻勢作戰考量，尤其第（四）項武器裝備國產化，更是建立龐大軍隊必要之「根」。這樣的「產軍一體化」，二戰後到韓戰期間，他們早就開始對人民「洗腦」了！

二、藏軍火工業於民間，三菱為重鎮

行家都知道，三菱重工是日本的「國家兵工廠」，舉凡天上飛、陸地跑、水面水下行的各種先進兵器，三菱都能製造，這當然要由國策來支持，配合民間社會的「國家主義」，把大錢用於軍備就能取得人民認同。因而二戰後的數十年，軍費「聖地化」成為全民共識，也就是國家所有預算分配中，社會、教育、福利⋯任何方面都可減可少，獨軍費不受任何因素動搖。

因政、經、軍、心的強化，到一九六〇年代日本國家整體力量已排名世界第八強，僅次於美、蘇、中國、英、法、西德和加拿大。

日本軍火工業雖以三菱為重鎮，但所有民間產業都有製造軍用武器裝備的能力，電唱機、電視等民生用品的某些零件，可能和軍機戰艦某零件是通用的；其他如石川、東芝、日立、川崎等，也是主要軍火工業。

從軍費增加率觀察，到一九七〇年代，日本都排名在世界第一位。按此努力下去，早在一九九〇年代，各國軍事觀察家一致認為，日本海軍的實力可能超越英法之上。但，大家都知道日本是「沒有軍隊」的國家，卻有如此強大的戰力，很可怕！

三、民間設立鈾元素提煉廠、研發核武不製造

把一切製造「殺人兇器」的行為，全都推給「民間」，不是政府幹的，是一種不高明的「瞞天過海」之策。現在連提煉鈾元素、研發核武也推給「民間」，早在一九七一年，三菱重工和美國西屋公司簽約，由三菱金屬公司成立鈾元素提煉廠，使製造核彈、核潛艦等，都具備了可製造而不組裝的準備條件。由三菱建造的「淚滴型」潛艦已是一流原子動力潛艦，只差未將原子爐裝到潛艦上，但隨時可以裝上。

美國西屋公司為何要幫日本建廠，尤其提煉鈾元素。美國對中國政策一向是「明統暗裂」，公開支持一個中國，暗地裡不擇手段分裂中國。

當二〇一一年「三一一」天譴大浩劫，震出日本一些製造核武秘密，世人疑惑，其實他們四十年前就開幹了。

四、推翻「和平憲法」、重返軍國主義之路

這是一條很快可以走到的路，一九九五年檢討第五期（一九九六到二〇〇〇年）《防衛計畫大綱》，將原「北方防衛政策」修改成「全方位防衛政策」。

進入廿一世紀腳步更快，二〇〇六年十一月，防衛廳升格為防衛省，二〇〇七年元月九日正式升格生效。

而在推翻「和平憲法」進程中，多年來不斷在宣傳，也要從民間來發動，這是邁向軍國之路上必須搬走的「最後一塊石頭」。

每隔一些時日，倭國野心家會去參拜靖國神社、會聲稱慰安婦是自願的、沒有侵略、沒有南京大屠殺、沒有入侵朝鮮…及釣魚台、北方四島…故意製造一些議題，乃在刺激中、韓等國，利用外在的反作用力，激化國內的民族主義，創造軍國主義的有利環境。

從短期看，倭國的重返軍國之路，似乎順利的一步步完成；但長遠看，野心家是把倭國帶向滅亡之路。二〇一一年「三一一大浩劫」，東京都的石原老鬼就說「天譴」，二〇一三年春之季韓國人也說原子彈轟炸是「神譴」，天和神都容不下這個惡質的獸性武士民族！應使其從地球上消失！

第四章　最近的緒戰及三十年亡中國之大計

日本要滅亡中國，並非什麼新鮮事！也不是新新聞！人家已經「屢戰屢敗」的幹了幾百年了，只是許多醉生夢死的中國人豪無知覺吧！

為了要一舉「三月亡華」，日本人做了三十多年準備，打了二十年「緒戰」，才在民國二十六年發動全面攻勢，要一舉就消滅中國，統一日中朝，建立「大日本帝國」！可惜又慘敗！為何？

有人這樣形容中國人，說中國如太平洋的水，日本鬼子如一把利劍，倭鬼拿這把利劍刺入太平洋的水，如入無人之境，但不久利劍銹壞，再不久消

失不見了！這是千真萬確的。古來也有許多「異族」入侵中國，現在那些族何在？當年的「入侵」是以後的中國一份子，使中國更壯大而已。日本鬼子若真來統治中國，大約百年左右，大和民族便消失了，或成為中華民族的一員。

但當下現在的中國，已非清末的「睡獅」，或民初之分裂，廿一世紀是中國人的世紀已然到來，中國已經崛起。不知死活的倭國野心家、政客死命挑釁、教唆、撥弄，乃至「緒戰」準備開打了（見附件二），包含每隔一段時日挑起釣魚台神經、參拜靖國神社、否認侵略罪行…都是為要激怒中韓開罵，用以凝聚其國內民族主義力量，使加強軍備和重製憲法合理化。

最近倭國利用釣魚台的挑釁行為，及中國方面反應（如後圖），解放軍聲明隨時可以開打，中國人真的硬起來了！早該硬了，要更狠才對！利用機會一舉消滅倭人！

同時，倭國防衛省也假想來自俄羅斯和北韓的攻擊，但主要還針對中國，在「新戰略構想」中，預設三種和中國發生軍事衝突的情景：（一）在釣魚台；（二）在釣魚台和石垣角、宮古島；（三）在釣魚台、石垣島、宮古島和台灣（即東海全面交火）。

再者，倭國新的防衛大綱將在二〇一三年夏修訂，再把戰力提昇為「統合防衛戰略」。按此，倭國軍力將快速全面升級，以駐日美軍第三十一海軍陸戰隊為模本，建立倭人自己的海軍陸戰隊，轉型成一支攻勢戰力。

附件二是「大日本帝國興國聖戰計劃：滅亡中國之戰略步驟」，在日本民間社會流行很久，相信很多中國人也看過，你是否覺得中國人要先下手，消滅大和民族，完成中國在元朝未完的民族大業！

疑進12浬內

中國6艘巡航釣魚
日擬訂播 未報違憲

中國大使強調是正常維權巡航
不接受日本抗議
918紀念日 香港保釣人士決再登島

中華民國101年9月15日／星期六　農曆七月三十日

中國時報
CHINATIMES

翁報報·2012.9.17.

大陸反日情緒高漲，東莞地區一家日本料理店，不僅暫時關門歇業，還掛起「釣魚島是中國的，中國民間企業」的紅布條。
圖／笛君平

北京鄰近日本使館區的好運衛上，多家日本餐廳擔心被砸店，都暫停營業，並在窗口貼上「愛國標語」。
圖／汪莉絹

中日釣島衝突升溫 共軍報喊話

解放軍隨時準備開打

王銘義／北京報導

中國時報 中2013.元.21

在中日釣魚台主權衝突持續升溫之際，中共黨、軍報近日瀰漫著「不惜一戰」的激進聲浪！

《解放軍報》昨天更在頭版的專題文章強調，軍隊只有「打仗」和「準備打仗」兩種狀態。「和平積習」是戰鬥力最致命的腐蝕劑，是當前軍事鬥爭準備的頭號大敵，必須堅決清除。

中央軍委副主席許其亮近日也強調，要強化針對性的抗性實戰化訓練，確保一旦需要，堅決捍衛國家主權、安全和領土完整，做到一切工作向打勝仗聚焦。

許其亮近日在駐洛陽、青島部隊考察。他先後到解放軍外國語學院、濟南軍區某紅軍師、和海軍北海艦隊等單位。

他強調，要堅決落實中央軍委主席習近平能打仗、打勝仗的要求，牢固確立戰鬥力標準、堅持不懈拓展和深化軍事鬥爭準備，做到一切工作向可放鬆懈怠；我們更須揚棄幻象，因為有一根弦令我們等待著：時刻準備著！」軍方明顯在表達「隨時準備打仗」的軍事態度。

據北京有關人士說，面對釣島情勢演變，解放努力鍛造一批精銳之師、拳頭部隊，確保一旦需要、堅決捍衛國家主權、安全和領土完整。

軍必須做好軍事鬥爭準備，也必須掌握輿情動向，對國際社會的「軍事宣傳」將是中共軍方的重點。

因此，軍報近來升高的言論與公開部隊番號等作法，應與軍方的宣傳策略有關。

在中日兩軍敏感互動之際，解放軍總參日前根據習近平在廣州戰區的談話，下達《二〇一三年全軍軍事訓練指示》要求樹立「隨時準備打仗」的思想，確保在黨中央、軍委一聲令下，能夠召之即來、來之能戰、戰之必勝。

《解放軍報》昨天頭版「準備打仗：先向和平積習開刀」標題，引發關注。專文稱，長期不打仗，戰備意識淡漠，打仗思想弱化，軍隊的衰敗，往往就是從滋生和平積習開始的，清朝「八旗鐵騎」的蛻變過程就是反面教材。

「縱觀國際風雲變幻，我們須臾不可放鬆懈怠；我們更須揚棄幻象，因為有一根弦令我們緊繃著；有一種責任扛著，有一聲號令我們等待著：時刻準備著！」軍方明顯在表達「隨時準備打仗」的軍事態度。

（相關新聞刊A13）

釣島風雲示意圖

※註：紅色數字，大陸海監船編號

日本

大陸

釣魚台列嶼

琉球群島

福建

台灣

日海上保安廳14日清晨5時許，首先發現「中國海監51」及「66」二艘船艦，從釣島北側方向進入釣島海域 ❶

清晨7時許，海監4艘編組成一隊，自黃尾嶼進入釣島12浬 ❸

下午1時20分，6艘海監船同時駛離釣島海域 ❺

釣魚台列嶼

黃尾嶼　　赤尾嶼

釣魚嶼

中午12時海監50、15、27進入釣島近岸4浬 ❹

海監26往南駛離釣島海域

清晨6時20分，海監51、66號自赤尾嶼方向進入釣島12浬 ❷

中國時報

101.9.15.

人間福報

2012.9.17

对日宣戰

小日本滾

大陸多個城市昨天持續反日大遊行，北京的示威者舉著「對日宣戰」的聳動標語。　　　圖／路透

第五章 「日本問題」的終極處理

──中國的最後統一之戰及扶桑省建設

中國歷史的最後「統一之戰」，並非兩岸統一，而是兩岸之後，收服倭國列島，改設「中國扶桑省」之聖戰。這要大破壞、大建設，有大眼光的中國大戰略家才辦得到。

若不如此，難到等小日本鬼子第四次、第五次⋯侵華，滅亡中國，讓倭人統治神州大地？是故，終極「處理」日本問題，是中華民族最後的統一之戰，必須徹底消滅倭人，將該各島改成「中國扶桑省」之後進行大建設。整

個過程所能選擇的使用手段，只有兩種，但其實只有一種可行。

第一種，用傳統戰（即不用核武）：這是長期戰，缺點是拖的時程難以管

控，變數很大，過程中受國際干擾太大，不可能「功德圓滿」。假設這戰爭在

二〇二五年爆發，中國要用所有空中火力，對日本各大城市、國防軍事戰略

目標，日夜不停轟炸至少兩個月（以當時武器殺傷力為準）。到最後仍要至少

一百萬部隊登陸日本本土，才能消滅剩餘倭軍，並完成軍事佔領，實施軍管

至少數年。

這種傳統戰的登陸佔領風險也很高，倭人絕對誓死底抗。以二戰為例，

日本見大勢已去，準備進行「最後之戰」，他們叫「玉碎計畫」，即組織全民

為兵，估計尚有一億人可上戰場，要與登陸美軍糾纏到底。如此，尚要死多

少美軍？恐怕不可估計了！而戰爭還要持續多久？也是未知數。

幸好，美國適時丟下兩顆原子彈，鬼子眼見「寡婦死了兒子」只好投降。

所以，核武對減少更大傷亡，快速結束戰局，很管用！如此，即證明傳統戰對終極處理「日本問題」不實際！也不管用！剩下只有用核武。以核武解決日本問題，最務實，最合人道，也合正義原則。

第二種，使用核武戰： 此一戰法要訣在秘密、快速、迅雷不及掩耳，一舉發動，數小時內宣佈結束戰局，使國際來不及反應。如二戰時美國在倭國丟下兩顆原子彈亦如此法則。

中國人要終極解決「日本問題」，使亞洲地區永久和平，只此一途，別無法門，以核武一舉消滅倭國。以廿一世紀新核武之威力，大約在北海道、東京、大阪及本州地區，投四顆核彈，最多五顆，即能消滅全部倭人之戰力和七成人口，剩下的倭人約數千萬。當然倭軍會反擊，中國沿海各省也會有傷亡，但中國承擔得起！也值得承擔。

為什麼說「中國承擔得起！也值得承擔。」？這當然和中國立國數千年

來的立國精神、人口、資源，以及「廿一世紀特定任務」有關。略說之。

第一、中國幾千年立國精神，除確保自身和平安全，也負責確保週邊地區（至少是亞洲）的和平安全。故，滅倭，要承擔，值得承擔。

第二、以中國的人口、領土及一切資源，就算不能滅倭，打十年傳統戰亦足以拖垮倭國。亡中國，不可能；亡日本，並不難。只要中國人自覺、覺醒，用傳統戰、核戰都能消滅日本。故說，中國承擔得起。

第三、面對廿一世紀地球村的來臨，小日本鬼子又成為全村唯一的禍害，若不除害，全村如何安寧？全村婦女那能放心？中國人有責任、有義務為全村除害，中國承擔得起！值得承擔！

核戰後，倭國已是一片焦土，必須進行大移民，至少有一半要移到亞洲內陸去墾荒，同時開放亞洲各國多餘人口移入。倭國改成「中國扶桑省」，會有十多年的大建設時代，約三十年（一代人）地球上再也沒有「大和民族」

這個劣種。從此亞洲各國再不擔心「鬼子殺來了」，各國婦女也好安心過日子，不用再擔心被日軍拉去當「慰安婦」！

核武解決日本雖有人道考量，但比較有史以來日本給亞洲帶來的死傷數字，及未來必將再對外侵略，造成死傷更多更大。以現在日本人口總數拿來血債血還，就算起來，還是便宜，很合人道！很公平！可能還不夠還！終極處理倭人問題，以用核武最能「功德圓滿」。

目前各國（含我中國）尚有許多呼聲，要求倭國賠償二戰損失，這些全是空話，不實際，再叫千年也得不到半文賠償。只有以核武消滅倭人，才最合理、最公平、最實際，也最合人道。

結 論

我問讀者、看倌一個問題，你世世代代祖居之地有一個惡鄰居，他殺了你的曾曾祖父母，又殺了你的曾祖父母、祖父母，又殺了你父母，以及許多親友也受害。現在你和兒孫也不安全，怎麼辦？

倭國從他們的先祖，織田信長和豐臣秀吉，以其狼子野心製造出所謂「大和民族天命」，等於為他們後世子孫帶來無窮災難，也給亞洲各國人民無端帶來無窮苦難，無數人命傷亡。

亞洲各國之中，受傷害最深而有能力終結「日本問題」，是廿一世紀的中

國人。放眼當代中國四鄰，對中國最危險而有領土野心者，只有日本鬼子，消滅倭國，收服改設「中國扶桑省」，是廿一世紀中國人的天命！

而終極處理之道，唯使用核武一途，合乎人道又便宜，至於發動時機則視當時國際情勢。

非要用核武消滅這個種族嗎？這只能說為使全數亞洲人民安全生活的「必要之惡」，因為武士民族有天生的侵略，假如說地球上有那一物種不該存活，那只有東洋這些倭族了。

數百年來，很多中國人也在思考如何終極解決「日本問題」，也許時機未到，也許尚無覺悟者能悟透廿一世紀的中國人有此「天命」，我以第一個覺悟者，首次提出以武核終結「日本問題」，改建成扶桑省的大戰略構想。

我以此大戰略構想獻給廿一世紀的中國人，待時機成熟拿出決心，快速完成天命，給廿二、廿三⋯世紀的炎黃子孫，及亞洲人民，一個可以安全生

活的家園。本世紀未完成，下世紀遲早終要完成，倭人不滅，炎黃子孫生生世世都不安全；而亞洲及世界，亦永不安全。

身為中國人，身為炎黃子孫，你是否聽聞過中華民族有一個「天命」，若不知，現在你已知，這個天命就是消滅日寇，收服該國領土改設「中國扶桑省」。

末了，我說一則佛經上的典故。佛陀知道了一個大惡人要殺害五百個好人，且情勢危急，為救五百人命，佛陀先下手殺了大惡人，使五百善人得救。

以核武終結倭人，你不覺得正合佛法旨意嗎？

附件一：現在無知的年輕日本人根本不知道父祖的獸行侵略

——身為中國人你要怎麼辦？

無恥的軍國主義者說當慰安婦在當時是一種榮耀……

我們在自我安慰的寄希望於日本人的良知，而他們卻認為我們這些可憐蟲在編造故事以敲詐他們的錢財……

如果你是一個不太喜歡狂熱，冒進的溫和派，那麼我個人認為你應該所做的是：把不買日貨這個原則默默地記在心裡，我們沒有必要非得用示威或

游行來反對日本可恥的行為，我們應在心裡默默的抗議日本對我們犯下的錯誤和他們對這些錯誤無恥的抵賴，我們只需要在購買商品的時候更多的忽視一下日貨，能不買日貨就不要去買。相信自己，只要我們團結起來，人人都能做到這一點，就會使日本在經濟上受到打擊，就會使他們不敢再輕視我們的力量，如果你認為自己很狂熱，那麼可以先看看下面的數據：在世界各地，幾乎九十％的華人用的是：「日本車」，「日本電器」！我統計過：如果世界各地的所有華人停止購買日貨，日本每年的損失一千至一千四百億美元的外匯收入！外匯收入是任何一個國家的源泉和動力！它和國民經濟的關係是「一帶動八」，或者說：「損失一份外貿收入，這個國家就要損失八份的國內經濟收入！」。

換算一下：一千至一千四百億美元的外匯受入「等價於」一兆美元──日

本經濟的總產值的五分之一（1/5）＝二十％！所以，如果世界各地華人同心協力，不用動刀動槍，就可制日本於死地！而且是永久的死地！我們應該學習猶太人──曾經集體拒買一家德國工廠的產品，最後導致這家公司的徹底破產！起因就是因為這個公司的總裁說了一些所謂「理解希特勒」的話！現在德國人對猶太人特別好！您知道為什麼嗎？

原因有二：一個是怕──因為猶太人特別團結，第二個是猶太人的狠──猶太人從來沒有放棄過對「納粹分子的追殺──只要在這個地球上發現有任何藏匿的納粹分子」，他們就一定就會「抓──綁架」，如果實在無法得手，那就「殺」！看看我們中國吧！？「對劊子手的仁慈，無疑就是自殺！」開始行動吧同胞們：五十年過去了，還要等嗎！開始行動吧！！！從我開始做起！從我家開始！從我的朋友開始做起！從我身邊的各個組織開始做起！只要大家

共同努力。

最後，我想最多十年，全世界所有的華人都會做到！既使能做到一半（五十％）。對日本的打擊也是致命的！組織一個全球性的「拒買日貨復仇組織」！

請在各地「串連串連」，好嗎！？同胞們，開始行動吧！可以印些傳單，讓大家意識「拒買日貨」的重要性！「拒買日貨」首先要防止被「日本狗」誤導有些所謂的「愛國人士」──（其時是被日本秘密收買的哈巴，目地是挑撥分離我們本來就不團結的中華大眾），經常提出：拒買日貨是不可能做到的，原因是幾乎所有的轎車，電器裡，多少都有日本的零件。所以還是打住吧！「拒買日貨就到此為止」是什麼用意！？那是因為日本害怕看到中國大眾組織起來，進而進行有效的「抵制日貨」運動！？

故而在這個五十多年來首次完全有可能組織某一個有效的全球性「拒買

日貨」運動時，他們便會迫不及待地跳出來叫「停」！「拒買日貨」，並非像他們所說的哪樣——「因為這個計算機裡有一個或一些日本零件，我就不買；這電視裡有幾個日本造的電子器件，我就不要」。「拒買日貨」的口號實際上是要求全球中國人，在有選擇可能的情況下，盡量不買日本造的貨物，如汽車，電冰箱，洗衣機，電視，音響……等等！五十多年來，華人一直記恨於日本，但可笑的是卻沒有一個有力的「拒買日貨」組織！究其原因，就是因為中國有太多的日本狗從中挑撥分離我們本來就不團結的中華大眾！中國同胞們……清醒過來吧！千萬不要再被這種人玩耍了！

日軍入侵上海後，便在各地建立慰安所，供日軍發洩性慾。
（照片由朝鮮人強制連行真相調查團提供張平宜翻攝）

日軍一手製造出來的慰安婦制度，是亞洲受害婦女最暗無天
日的一頁命運。（照片由朝鮮人強制連行真相調查團提供）

「拒買日貨」的意義

「拒買日貨」的意義是巨大的！她能讓我們不動一刀一槍就打擊了日本，同時又加快了中國經濟的發展！她能讓我們扼制日本，進而讓中國立於不敗之地！她能讓我們的子孫免遭我們的前幾代祖先和我們現代中國人所遭受的痛苦！！她最終也能讓這個幾百年來一直頑固不化，一再屠殺掠奪中國人民的醜陋民族遭受到它應有的懲罰！！！你以為這容易做到嗎？絕對不是！這需要我們大家的共同努力，才能讓全體中國人慢慢地，逐漸地意識到，然後才能真實地做到！！！

不必要的擔心

1. 中日友好根本就不存在！過去沒有，現在沒有，將來也不會有！

2.現在中日兩國貿易總額每年達六百億美元。是不是因為我們全球中華大眾對日貨的抵制，中國就會受到損失？這是不會的！原因是：a.日本出口到中國的是高級奢侈品──我們中華大眾可以拒絕；b.中國出口到日本的是普通生活必須品──日本人很難抵制，他們其實是在享受著我們廉價的產品！

3.另外，從中國長遠利益來看，減少對日本產品的過分依賴，對中國的國家安全是非常重要的，比如日本參加美國的 NMD，其目的就是與中國為敵！

＊＊＊敬請各位把這篇文章貼到你所知道的任何地方。

死難的無數千萬同胞將感謝你！！！

抵制日貨！請翻貼！轉貼！

沈婦安慰 亞洲吼怒的痛

附件二：倭國狂想三十年滅亡中國

——中國人硬起來吧！

這是一個在日本 BBS 中人氣極旺的帖子，感謝一位不知名的網友，翻譯過來。本著「奇文共欣賞，疑義相與析」的原則，在論壇轉貼，給大家一個對「日本」這個禽獸國度清醒的認識，也讓大家瞭解一下什麼是我們一廂情願的所謂「日本人民」和「中日友好」，下面是日本網上的帖子：

「由於日本特殊的地理位置及資源的匱乏性，決定了我國發展的終極形式是：發動戰爭！」我始終認為我們大和民族是世界上最優秀的民族。強烈

的憂患意識與現實主義是支撐民族不斷創新與發展的精神之源，這就是勤儉智慧的大和人所獨有的奮爭精神。

然而，世界對我們卻是這樣的不公平，一些劣等民族占據著大片肥沃的土地，卻不能充分利用這些寶貴的資源，而我們擁有先進的技術、成熟的經驗、團結的意志，卻只能守著貧瘠的土地望洋興嘆。潛伏的危機使我們意識到涉獵在世界這個資源有限充滿殘酷爭奪的現代森林裏，只有保持旺盛的鬥志與適當的野性才能換取民族根本的生存，這就是地球生存的法則，這就是勤儉智慧的大和人所面臨的現實。

島國的命運最終將會覆滅於海底，匱乏的資源將會導致民族前進動力的絕斷。我們唯一的出路就是軍事擴張，運用大和民族的勇武、智慧與精神去征服亞洲，征服世界；去洗刷幾十年前聖戰未獲成功的恥辱，用大和民族的優秀去駕馭其他民族的低劣，從而推動整個世界的進步。這是天皇賦與日本

民眾的使命，這是為維護大和民族高貴的尊嚴而開展的聖戰！

在幾十年前嘗試征服世界的聖戰中，我們得出兩條教訓：

1.在未完全征服亞洲鞏固地位之前，不應招惹美國。在新的世紀裏，美國應是我們實現征服亞洲的很好夥伴與幫手，雖然在向征服世界的聖戰中，他會是我們的敵人。

2.滅亡像中國這樣的大國時候，不能過於著急的一口吃掉，而應象吃生魚片一樣，一片一片的吃。中國不同於日本，他是個多民族混合的國家，自身矛盾很多，應該利用他們內部的分歧和差異，分裂這個國家，然後一個一個的消滅，新疆、西藏、青海、寧夏、滿洲等都應成為獨立自主的國家，分裂這些地區的根據就是他們獨有的民族性，這就是外界傳播的中國七塊論，

我們具體為《分裂中國計劃》，這是我們征服亞洲，滅亡中國，進行聖戰的一部分。在中國，只有東部的漢人具有阻礙我們的能力，因此，如果中國被分裂成七個或幾個國家，漢人的力量就會被大大削弱，其戰略回旋的餘地也會大大的縮小，中國的滅亡，日本帝國的復興也就為期不遠了！

只要征服了中國，我們也就取得了征服亞洲的基礎，其他國家就會在漢人馴服的榜樣下，臣服於我們。只有這樣我們才具有擊垮美國，稱雄世界的本錢。當然，中國漢人的西部開發戰略對於這個問題會有一定的阻礙，但是我們不應放棄對於分裂中國的努力！因為發動聖戰是我們唯一的出路，日本欲征服世界，須先征服亞洲，欲征服亞洲，須先征服中國，欲征服中國，須先分裂削弱中國。日本是一個面積狹小的島國，軍事回旋餘地很小，只有發展強大的帝國艦隊，才能實現未來帝國對予聖戰的需要。

《大日本帝國興國聖戰計劃》之戰略步驟

一、滅亡中國，征服亞洲

欲亡中國，須先分裂削弱中國：臺灣在我們的努力下已經分裂出去，下一步，我們應該采取對臺灣的絕對控制。即使這樣走我們也才走完了《分裂中國計劃》的第一步，新疆、西藏、滿洲相對乏力，以現有的技術與水平，日本的發展已至極限。不儘快發動聖戰，沒有任何資源支撐的日本經濟終會陷入崩潰。

但是，在嘗試對中國西部的分裂中，中國政府似乎已經覺察到了我們的計劃，並制定了《中國西部開發戰略》，這個具有民族同化作用的戰略，不但具有重要的經濟目的，也具有重大的戰略目的，這勢必封殺了我們的分裂計劃，但事物總有相反的作用，因為隨著漢人向西部少數民族區域的遷移，勢必會增加漢人與少數民族的接觸、同化與矛盾、磨擦並存，五至十年之內都不會形成漢人絕對的鞏固，我們正好可以利用這個機會製造挑起漢人與少數民族之間的矛盾、磨擦，勢態發展有可能會向利於我們的方向發展，因此對於中國西部的分裂計劃應堅決的執行下去。

另外在嘗試分裂滿洲的計劃中，我們卻受到了來自韓國的阻力，韓國至今仍不允許我大日本皇軍一兵一卒踏上韓國之國土，這將勢必阻礙我國對朝鮮半島的控制，勢必減緩對於滿蒙分裂的進程。對於韓國的抵制，可以利用外交手段緩和緊張，必要時可以利用美國的壓制，對於朝鮮可以利用美韓的

軍事壓制。

中國是有可能干涉的，既然分裂沒那麼快實現，時間又不允許我們繼續拖延，我們應該適時使用大日本帝國強大的艦隊，利用台海衝突或第二次朝鮮戰爭一舉將中國龐大實際上並不可怕的艦隊摧毀，對於摧毀中國的艦隊，美國人是會支持的，臺灣人也是會支持的，南中國海周邊國家也是十分樂意的。如果成功，利用這次活動，我們就可以牢牢的控制住臺灣，並使之成為我們的軍事基地。

由於失去了海空權，中國人對於我們壓制朝鮮的反應也就顯得力不從心了。而支那人的形象會受到大大損害，支那人的精神與意志會受到極大打擊，他們將會再次陷入到大日本皇軍威脅的恐懼之中，政府的威信大大降低，從此中國賴以穩定的基礎被打破，借機挑動中國各區域的民族分裂勢力開展獨立復國運動，則中國不戰自弱。我們就可在滿蒙重建大日本皇軍關東軍本部，

為滅亡漢人統治下的剩餘中國做準備。

還有一個問題就是不要擔心經濟貧困的俄羅斯會出兵干預，因為對於中國適量的削弱，俄羅斯也是十分歡迎的。通過車臣戰爭，也可以看出俄羅斯虛弱的軍事力量已無力支撐一場像樣的戰爭。

看來建立一支強大的帝國艦隊與實現海外派兵合法化，是實現發動聖戰的首要條件。計劃的時間安排：

一、二〇〇〇年，協助親日分子擊垮臺灣殘存親中勢力，扶持分裂勢力上臺執政（利用台獨先分裂台灣）。中國由於懼怕國外的恫嚇，憑著其現有武備還不敢冒然出兵收復臺灣，只會適當的擴充軍備等待時機。而我們也正好借機提升軍備，爭取用四—五年的時間，強化帝國海軍，積極謀求海外派兵合法化，並利用經濟緩和與對俄關係。

二、二〇一五年三月，示意臺灣當政者宣布《臺灣獨立宣言》，挑動中國大陸攻台，中台戰爭爆發。應臺灣要求，日向台派遣援台軍事部隊，進占尖閣列島（釣魚島），進駐臺灣，協助台軍作戰；日美台聯合艦隊突襲中國艦隊，向中國宣戰。十月，摧毀中國艦隊，奪取海空權，俄羅斯通過聯合國出面調停，中國與三方簽署停戰協定。

三、二〇一五年十二月，日軍應臺灣要求取得駐台合法權，把持親日當權政府。

四、二〇一六年一月，策反中國民族分裂分子，開展獨立復國運動，中國陷入內亂。

五、二〇一七年三月，臺灣發表政府聲明：臺灣自願併入日本版圖，日本政府表示不予接納，但允諾對其實施應有的保護，日台建立軍事同盟關係。

六、二〇一七年五月至八月，日美台韓聯軍收復北韓，宣布朝鮮統一。

七、二〇一八年二月，台軍反攻大陸，日台聯軍出兵滿蒙。二〇一九年五月，中國軍隊退守關內。日軍占領滿蒙，重建日本關東軍本部，構築侵華根本。

八、二〇二三至二〇二五年，發動對中國大陸的全面戰爭，滅亡中國，構築雄霸亞洲之基礎。

二、鞏固亞洲地位，稱雄世界

日本在滅亡中國後，理應成為亞洲當之無愧的領袖，要用優秀的大和民族精神去震懾劣等民族的精神，要消滅他們的語言、習俗及奢靡的生活方式，即劣等民族的劣根性，要消滅這些民族的存在，消滅他們的一切，轉而學習我們的一切，要在他們的土地上用我們的方式培育出支那日本人、臺灣日本人與朝鮮日本人，要使整個亞洲不但統一成一個國家，而且還要統一成一個

民族，那就是大和民族。實現這個目標要靠大和民族強大的合力、超人的智慧、無畏的奮進，並徹底臣服於大日本帝國的腳下，讓他們無限的忠誠於我們。只有這樣，我們才能牢牢的掌握住亞洲，進而征服整個世界！

征服世界，僅僅依靠日本帝國的力量還是遠遠不夠的，還需要一些得力的幫手與夥伴。美國是同我們瓜分世界的最好夥伴，利用美國壓制歐洲，協助德國日爾曼法西斯政黨重新掌握政權，再利用德國日爾曼人征服歐洲。事實證明在上一次為了聖戰而簽署的盟約中，允許意大利人的加入對於日本的聖戰是一個錯誤的決定，羅馬帝國的後裔已經喪失了先輩奮爭的精神，成為無知的劣等民族，就像我們先輩崇尚的漢唐人，在退化成為低劣的漢人，他們擺脫不了被統治的命運。最後，待我們牢牢控制了亞洲，德國與美國控制了歐洲，而後合力從兩面將俄國一舉滅亡。

第二部　天亡倭國與中國人的天命

引言　天譴、天意、天命與魔道

天譴，就是天的譴責，天的旨意要嚴懲逆天者，以回復世間應有的公平正義與祥和和諧的氣氛。

嚴懲逆天者即是天譴、天意，人若去幫助那些逆天者復原，是否也是逆天？

二○一一年三月十一日，日本發生空前大浩劫（大地震、大海嘯、核災三合一大災難）。不久，其右派份子東京都知事石原慎太郎說「大災難是天譴」，此說又如同超大海嘯⋯⋯

日本人幹了什麼逆天行為，這一代子民要遭受如此可怕的天譴。「因果律」乃天之真理，雖說「不是不報‧時候未到」，但為何是現在，問天！

很久很久以前，大約四百多年前，有兩個日本人心中的英雄，織田信長

與豐臣秀吉，他們為日本民族創造一個「天命」，謂日本必須把中國和朝鮮統一起來，統一成一個「大日本國」，為亞洲之盟主。

於是，啟動第一次、第二次、第三次……侵略中國與鄰邦之戰，而「天命」始終尚未完成。

尚未完成！再接再勵，屢戰屢敗，屢敗屢戰，「解放亞洲」，先取朝鮮和台灣，進而佔領中國，是日本人的宿命。他們說，「如果西向擴展到太平洋，是十九世紀美國人的宿命，那麼入侵中國就是日本二十世紀的宿命。」

又於是，他們的政治人物、教育工作者、作家……一代又一代，幫他們的子民「洗腦」，佔領中國是合理的，那裡地大物博，而日本人多地少。

一個假天之意的假天命，魔道自地獄竄出，戰爭！戰爭！南京大屠殺！旅順大屠殺！朝鮮大屠殺！台灣大屠殺！中南半島、南洋……血流成河，抓到女人，一律先姦後殺，或送慰安婦營……魔道……

緒論　從日本東京都知事石原慎太郎

「天譴說」說起

天為什麼這樣可怕的譴責？天不慈悲嗎？若是那些族群的人自造孽，

那便是因果，與天何干？

先祖肇禍，而子孫付出代價嗎？

地球上的災難，自古以來想必年年月月，到處都有，遠的不說，近幾年

就有南亞大海嘯、四川大地震，乃至其他各大洲都有。傷亡之慘重，遠大於

這回日本的大浩劫，但那些災難沒有被說成是一種「天譴」。只有日本這次世

人有天譴的感覺，且是他們自己人也這麼說的，我很好奇！

二○一一年三月十一日，日本發生二戰以來，空前大災難（海嘯、地震、核災），死傷之多，經一個多月仍難以統計。正在這個「漢倭奴王國」全國陷於傷痛之際，其東京都知事（市長）石原慎太郎（一個極右派者），竟說這是「天譴」，天在譴責日本人以往只顧自己，不顧別人死活⋯⋯

如同「九級大地震」，震驚全日本社會，但是否「震醒」就不得而知了！

「天譴論」若由世界上任何人（非日本人）說出，應不致於太震驚，因為「有資格」說，也「有權利」說，甚至有「權力」說。遠的不提，就以十九、二十世紀，日本人為亞洲或別洲製造多少災難。

第二次侵略中國之戰，甲午之役，旅順大屠殺，全城六萬人遇難，佔領台灣殺了多少人⋯⋯以及戰爭中雙方死傷的軍民⋯⋯

第三次侵略中國之戰，八年抗戰，我國正規軍死三百萬，人民因戰爭而亡至少五千萬，南京大屠殺，以及⋯⋯

二戰時，在越南、菲律賓、新加坡⋯⋯中南半島、南洋⋯⋯美國珍珠港⋯⋯多少死難？婦女被倭人姦殺，送到戰場上當「慰安婦」⋯⋯而日本自己死了多少人？險些亡國。

嘿嘿！嘿嘿！那些三死於非命的人，不論日本人或非日本人，他們都甘心？因果是宇宙間最平等的律法，不是不報，時候未到！

真是「一死百了」嗎？非也！

那些成千上萬、上千萬億死者的幽魂，穿透時空，他們要來討公道、要正義、要債啦！「嘿嘿！嘿嘿！日本鬼子！納命來！」

但現在「天譴論」由一個日本人提出，不僅震驚，且有特別意義。表示倭奴這個民族，可能開始有反省之心（只說可能），反省他們先人造下的惡業，未來若有強盛機會，別再侵略別國！別再大屠殺！別將他國女人抓去當「慰安婦」！尤其別再偷偷摸摸搞核彈（後報）。

即要反省，就必須知道「源頭」在那裡？也就是天譴的源頭，或稱天譴之「因」，這是現在日本人民承受苦難的原始背景。

本文寫作之目的，就是要為現在的日本人揭開他們招受天譴的源頭，以利他們自省，以利亞洲和世界的和平。平心而論，以通曉這個源頭的人，全日本可能沒幾人，其他地方更別提。多數人只知「歷史」，但不知歷史為何會成為「天譴的原因」！

數百年來，日本子民被他們的政治野心家「洗腦」，把十六世紀（我國明朝）織田信長和豐臣秀吉的構想，「假道朝鮮西征中國」、「佔領中國、朝鮮」後，改良、教育那些人民，完成「統一日中朝」，成為一個「大日本國」，主盟亞洲，當成倭國民族生生世世的「天命」，直到最後完成為止（即完全消滅了中國和朝鮮為止）。

於是，他們對週邊國家發動一次次，再一次次的侵略戰爭。失敗了！經數十年準備、休養生息，再幹！再發動戰爭。光是對中國，就有三次全面性戰爭（局部、小型未計）。

△第一次侵略中國戰爭：明，萬曆年間，朝鮮七年戰爭。

△第二次侵略中國戰爭：清，甲午之戰。

△第三次侵略中國戰爭：民國，八年之戰。

以上三次侵略之戰，二、三次距現代較近，現代人知道者較多，相關各種研究也多，故本文不論。

第一次侵略中國的「朝鮮七年戰爭」，不僅是「天譴論」之源頭，也因年代較久，問現在的中國人和朝鮮（韓國）人，恐知者極少。當然，歷代倭奴

國野心家是不會忘的，因為織田信長和豐臣秀吉，是大和民族「天命」的「創建者」，怎可忘記！故為本文論述重點。

為讓大家了解這場天譴論源頭的不義、侵略戰爭；及中國為當好一個宗主國，保護屬國，只好進行一場正義之戰，犧牲很大。我用問答、文字、圖解，講述這場戰爭的經過。

第二次世界大戰，日本造成全亞洲幾近上億人的傷亡。戰後他們以戰敗國被迫解除武裝，不得組建正規軍，設立以和平為宗旨的「和平憲法」。

然而，那些都是假相，因為不久和平憲法被架空，自衛隊竟是全球第三大軍事力量。

進而，瞞著「天」眼，積極的、秘密的，神不知鬼不覺的搞核武。

二〇一一年三月十一日這天，天眼睜開了！神清醒，鬼覺知⋯⋯原來天譴！

第一章　倭國民族「天命」第一次實踐：

第一次侵華——中日「朝鮮七年戰爭」

倭國「天命」的創造者，是織田信長和豐臣秀吉，他二人打開了日本民族的「魔盒」，魑魅魍魎盤踞在他們生生世世的子民心中。

一、距今四百多年前，在朝鮮半島上的第一次中日七年戰爭。中、日、朝鮮當時情況及戰爭原因為何？那一方先挑起戰事？

明世宗嘉靖二十六年（西元一五四七年）開始，倭寇（即日本鬼子）進

擾東南沿海，俞大猷、戚繼光等經二十年才勦平。倭寇大亂才平定不久，中日朝鮮大戰就爆發。

原來當時許多日本野心家，早已覬覦中國地大物博，物產富饒，織田信長當國時代（西元一五六七──一五八二年），已提出「假道朝鮮西征中國」之構想。

萬曆十年（西元一五八二年），豐臣秀吉繼織田信長而起，平定日本各部，進而提出統合「中日朝鮮」使三國為一的戰略計畫。積極整軍經武，宣告將自朝鮮進兵中國，統一東亞，使日本成為亞洲盟主，完成大日本帝國使命。

朝鮮為明之屬國，明朝有兵援朝鮮的政治責任，同時救朝鮮亦保遼東，間接鞏固京師，故朝鮮戰略地位甚為重要。就當時三國兵力比，朝鮮二十萬軍，日本三十三萬軍，中國八十萬軍。朝鮮必然已不能阻擋日本攻勢，在朝鮮的作戰計畫中，已將「固守待明軍援助」納為最後反敗為勝的唯一途徑。惟朝鮮當時武備不修，兵都不能戰。

這場戰爭實際上是中日之戰，史稱「第一次中日七年戰爭」。重要性在假設日本戰勝，則日本有可能在十六世紀末完成「日中朝」統一，建立東亞大

帝國。所以，這是一場可能改變歷史走向的戰爭。

二、中國要成為亞洲盟主是很合理的，但說日本要統一東亞成為盟主，那就太扯了，簡直是以管窺天、井底之蛙的自大狂心態，這仗要怎麼打？

中國自古以來就是亞洲盟主，是很合理的事實存在。但小小的日本不可能有機會。春秋宋楚泓水之戰時，宋襄公要爭霸中原，太宰子魚諫曰：「宋小國也，小國爭盟（爭盟主之意），禍也。」宋襄公不聽，結果一戰而亡國。日本人在二十世紀初老毛病又犯，慘遭巨禍。現在的世界也是一樣，不管世界盟主，或區域盟主，只有大國才玩得起，小國是沒機會的。

話頭回到四百年前，豐臣秀吉統一日本後，欲進而統一中國和朝鮮，首先簡述中、日、朝三國的戰備準備。

日本方面，三十三萬兵，分第一線兵團（主力）、第二線（支力）與京都守備，有艦千艘，末期達三千艘。先以主力渡海奇襲，向漢城挺進，消滅朝鮮軍於漢江之南，佔領全部半島後，向中國遼東挺進。（見各圖）

朝鮮總兵力實際不到二十萬兵，戰船約百艘。其國防政策向採「事大政策」，即賴中國最後援助（如西元一九五〇年韓戰也是），重兵放南部以防日本入侵。（見圖）。

在明朝方面，名將戚繼光等早已謝世，主持國防軍事的是石星，一個書生，並非將才。故當時明朝是有兵無將可用，初無積極的阻遏日軍構想，只派遼東巡撫發兵五千，以為可以解決小日本。結果，朝鮮全部淪陷，才感事態嚴重，開始調動大軍援朝。

明萬曆二十年（西元一五九二年，朝鮮宣祖二十五年，日文綠元年）四月十三日，日軍以小西行長為先鋒，率軍約二萬，大小艦艇七百艘，由對馬渡海奇襲釜山，才四天朝鮮第一線全告瓦解。日軍兩路北進，沿途望風披靡，所遇朝鮮軍竟皆不戰而降。

五月，日軍圍攻漢城，時漢城守將李陽元，金命元為都元帥守漢江，見日軍氣盛，望敵而懼，竟先棄部隊於不顧，化裝逃亡。日軍兵不血刃，拿下漢城再北進平壤，竟也不戰取下平壤，日軍花兩個月佔領朝鮮半島。

朝鮮王李日公逃至義州（在鴨綠江邊，見圖），復國的希望只有等待明朝

的萬曆皇帝了。明廷反應太慢，八月才頒佈動員令，任命兵部侍郎宋應昌為援朝經略，總兵李如松為東征提督，大軍準備開往朝鮮半島。

中日戰前朝鮮的戰備準備
萬曆十九年(1591年)十二月底態勢

咸鏡道

右衛

後衛

(陸)12650
(警) 532

(陸)17540
(警) 835

義州

平安道

平壤

咸興

朝鮮兵力統計	
陸軍	97800人
水師	48564人
警備	42235人
總兵力	188599人

中衛

江原道

▲黃海道

(陸)6967
(警)4114

開城

(陸)37300
(警)2313

海州

漢城

(陸)14976
(警)7696

忠州

慶尚道

公宗道

(海)3550
(警)2318

左衛

(陸)17000
(海)12688

慶州

(警)8386

▲▲陸軍總部
◎海軍總部
□陸軍基地
▲海軍基地

全州

全羅道

東萊

前衛

晉州

釜山

順天

左水營

▲固城

羅州

閒山

▲左水營

右水營

古今島

右水營

朝鮮軍抗日計畫圖

萬曆二十年（1592）年四月十三日

日軍攻略朝鮮行動概況圖

萬曆二十年(1592年)四月十三日至六月十六日

三、萬曆皇帝的軍政領袖們對朝鮮戰事的反應雖然太慢，但總算有了反應，把大軍開上朝鮮半島，也還來得及幫朝鮮復國。只是朝鮮軍碰上了日軍就不戰而降，也太遜了。

歷史上朝鮮軍碰上日軍就先垮了，是一種很難解釋的現象。萬曆二十年十二月二十三日，明軍東征提督李如松過鴨綠江（朝鮮已亡約半年），明四萬五千野戰軍源源履冰過江，朝鮮王在江邊迎接。

李如松首先在義州召集兩國軍政首長，舉行聯席作戰會議，經各方判斷分析後，確定中朝聯軍進攻平壤計畫。聯軍於萬曆二十一年正月六日，沿平壤外圍之線完成攻擊準備，預期於平壤外廓之線與日軍決戰，主決戰在小西門一帶高地。決戰日期：正月八日。

時佔據平壤的日軍是小西行長的第一軍，一萬八千人，及俘擄的朝鮮兵五千人。

中朝聯軍依計畫進擊平壤，當時明軍的武器裝備算是先進科技，有虎蹲砲、大將軍砲、佛郎機砲、霹靂砲、子母砲、火箭等，四天激戰，日軍損失

四、

明軍看起來不怎麼樣，卻打了大勝仗。日軍聽說很厲害，卻打了大敗仗。對明軍而言，似乎進展太順利了，為何戰爭還拖了七年？接下來定有不同的戰況！

明軍在平壤大捷，李如松果然有了輕敵之心，急欲南進取漢城，他以為日軍真的不行。李如松於正月二十六日，帶數千輕騎直趨漢城，結果在半路上一個叫碧蹄的地方，遭日軍奇襲，打了一場小敗仗。

日軍方面，平壤慘敗後，北朝鮮部隊已全部退到漢城，中朝聯軍已對漢城完成包圍，處境對日軍極不利。日軍乃打出「和談牌」，李如松竟然同意和談，放棄殲滅日軍之良機。和談進行三年多，其實這是豐臣秀吉的策略，運用和談，邊打邊談，先撤退部份兵力（假象），再動員本國部隊，部署下一次進兵計畫。顯然，明總兵李如松是中計了，和談期間日軍最直接的收獲有：

㈠漢城的日軍轉進到釜山，構築南朝鮮堅固工事。

㈡攻取朝鮮軍固守的晉州，屠殺全城六萬多人。

㈢有充份時間重整軍旅，準備再進兵朝鮮。

萬曆二十四年（西元一五九六年，朝宣祖二十九年，日慶長元年）九月，秀吉又下動員令，次年二月二十一日頒訂作戰計畫，要旨有：

㈠以武力佔領慶尚、金羅、忠清三道，迫明朝割讓。

㈡以兵力十四萬進出三道地區，完成全面佔領。

㈢作戰行動開始日：七月二十五日。

㈣從本國再增兵十四萬。（第一次進兵已戰亡十萬）

萬曆皇帝得知消息大為憤怒，朝鮮尤為恐慌，做以下決策和措施，這回萬曆反應很快。

㈠主和派石星、沈惟敬因媚日及誤導政策，均問罪下獄，以貫徹全國一致對日作戰決心。

㈡兵部尚書邢玠為薊遼總督，麻貴為征倭大將軍及朝鮮提督，統一戰時軍政及戰地軍令。

㈢發大軍十萬，期一次擊潰日軍，使其不敢再犯。

㈣加強朝鮮水師，截擊海上日軍，斷其補給與歸路。

萬曆二十五年七月二十五日，豐臣秀吉果然信用，依原計畫對朝鮮發動全面進攻，南朝鮮不久就淪陷，漢城又岌岌可危。

五、從歷史上看，小日本鬼子好像很有侵略性，不是侵略中國，便侵略朝鮮，乃至菲律賓、南洋都曾受日本侵略。這回豐臣秀吉又侵略朝鮮，中朝如何迎戰？

七月二十五日，日軍發動全面攻勢，才四天，全羅道便告淪陷。約此時，十二萬日軍已在全州會師，刻正準備北攻漢城。而此時，明總兵麻貴之主力尚未到達漢城，只有先鋒八千人到，朝鮮軍又不可恃，乃先派副總兵解生率精騎兩千向南挺進，先敵佔領稷山要地。

九月七日，日右路軍先鋒部隊進抵稷山南約一公里，遭明軍奇襲，損失慘重，銳氣受挫，只得先退。是役，明軍以二千使日軍先鋒萬人受挫，日軍十二萬人遂不敢冒然北攻漢城。

是年十一月，明主力軍已開赴朝鮮戰場。總督邢玠決心用麻貴的作戰計畫，對東南沿海日軍發動鉗形攻擊，先以大軍四萬分三路協，左協軍李如梅、

右協軍李芳春、中協軍高策，以加藤清正的第一軍為作戰目標。

十二月二十三日，中朝聯軍總攻擊日第一軍所在地蔚山城，首日明軍以優勢火力殲滅日軍甚眾，日軍退到島山恃險待援（均見圖），次日聯軍再圍攻島山，十餘日不下。戰事施至次年（萬曆二十六年）正月，日海上援軍到，日軍放出假情報，謂六萬援軍將投入戰場。明軍指揮楊鎬信以為真，決心先退。可惜，楊鎬未做好退卻計劃，自先退慶州，前線兵力未明究竟，爭先奪路而退，造成無敵人而自潰，沿途天寒地凍，多懸崖溪河，明軍墜崖、溺死、凍飢而死，達數萬人，真是一場無敵自敗的戰役。

日軍目堵明軍自潰之慘狀，因本身也損失慘重而失去戰力，故不敢追擊。

其作戰企圖乃轉趨保守，僅致力鞏固沿海據地，主動作戰權又掌控在明軍手中，蔚山撤退而死的明軍總算有代價！

六、蔚山戰役的實際情況，是日軍受重挫，死傷過半。明軍並未戰敗，卻在撤退過程亂軍自傷，死了這麼多人，也真是奇譚。接下來的仗要怎麼打？

蔚山之役明軍未敗，卻傷亡慘重，乃指揮官領導無方。所幸，朝鮮軍有新練成新兵二萬餘，明廷後方援軍及時到達，總計中朝聯軍又有十四萬餘人，兩國軍事政策轉趨積極，準備對東南七萬多日軍行掃蕩作戰。

中朝聯軍計畫推進到慶州──星州──全州之線，水軍進至古今島，陸軍兵分三路，以順天為主目標，中央地區日軍為次目標（均見圖）。攻擊發起日訂在萬曆二十六年（西元一五九八年）九月十一日。

和談期間，日軍已在南朝鮮建構堅固工事（如圖）。九月中聯軍勇渡南江成功，準備圍攻泗川城日軍，聯軍行迂迴突擊，到二十九日，數千日軍幾被全殲，聯軍續向新城逼近。新城是日軍中部根據地，由島津義弘率其第五軍防守，兵力約一萬人。

十月一日，聯軍對新城完成包圍，就攻擊準備位置，上午八時開始攻擊，

初甚順利，雙方傷亡亦重。聯軍陣中忽有火砲走火爆炸（見圖彭信古營部），一時大亂，日軍乘機衝殺，第一線遂潰，第二線目覩以為兵敗，亦各望風而遁。聯軍遂全線潰退，只好退軍回到星州。日軍並未追擊，可能戰力也耗損的差不多了。

是役，雙方損失皆重，只是這回聯軍先勝後潰退，而潰退的原因並非敵軍殺來，是本軍火砲走火爆炸，造成第一線大亂，第二線以為戰敗，爭先恐後撤退。可見明軍或朝鮮軍的戰場紀律均不佳，所幸日軍已露敗象，中朝聯軍正在部署最大規模戰役，準備殲滅東南沿海的日軍。

日軍在朝鮮半島東南沿海根據地部署
萬曆二十六年(1598年)五至九月

◎ 大基地
□ 據點
▲ 未駐兵力據點
▱ 船纜
（　）兵力

0　10　20
(公里)

順天
(13700)

約西行長

小西行長

南海

河東

昆陽

新城

泗川
◎(13000)

固城
□(4000)

閑山

見乃梁

巨濟島

▲

釜山

島津義弘

中馬

地

(29000)

熊川
□

竹島

金海

島津豐久
□(6000)

梁山
▲

梁山
縣李南虎
(7900)

水軍

安骨浦

蔚山
◎(10000)

加藤清正

右地藤淸正
西

生浦

釜山
◎
(1000)

(5000)

泗川戰場日軍兵力配置圖
萬曆二十六年(1598年)九月十八日

泗川新城日軍根據地概況圖
萬曆二十六年(1598年)九月下旬

泗川會戰圖(一)

萬曆二十六年九月二十日

0　　1
（公里）

七、講到中日朝鮮七年戰爭，豐臣秀吉欲統一中朝日成東亞帝國，戰爭打了七年，眼看日軍節節敗退。豐臣秀吉的大帝國夢的破滅，是否是必然的宿命。

當然是必然的，想統一東亞，日本是永遠沒有機會。而且，小國爭霸會帶來災難，兩次侵華（萬曆年間和近代）就是明證。

萬曆二十六年九月，日軍仍盤踞朝鮮東南海岸，順天是南海岸中部之戰略要地，聯軍決定攻取順天。當時防守順天是日軍第二軍主力約一萬三千人，由小西行長統帥之。但聯軍攻順天並不順利，又撤回古今島，此次撤退很成功。十月，雙方又有大規模的海濱作戰，亦沒有結果，雙方形成對峙。

正在這緊要關頭，中朝的諜報人員，得到一項日方的「最高機密」，豐臣秀吉已在八月十三日病歿，臨終遺命有：

㈠德川家康繼掌國政，收拾殘局。

㈡痛悔發動此次戰爭的錯誤，怕明軍大舉來報。

㈢決心從朝鮮撤兵，「勿使十萬兵成海外鬼」。

於是，中朝聯軍開始部署露梁海上殲滅戰。情報顯示日軍從十一月十一日由順天的第二軍先撤退。這一戰日軍因無心戰鬥，消息走露。露梁之戰，日軍僅剩的四萬六千人，幾乎全被消滅，聯軍獲空前勝利。

拖延七年之戰火，終告結束，朝鮮全境得以光復。但中、朝、日三國已損失慘重，人命更不知多少？日軍在朝鮮進行全面大屠殺，朝鮮險些「絕種」，不知韓人子孫今日記得否？

中朝聯軍露溪海戰全殲日軍
萬曆二十七年(1599年)十一月十九日

0 ── 20
(公里)

八、豐臣秀吉發動這場侵略戰爭，臨終雖後悔。但二十世紀初日本又發動更大規模侵略戰爭。顯然日本沒有從歷史得到教訓，為什麼？還有，戰爭打了七年，結速後應該有個檢討吧！

首先從戰役檢討開始，是役，實為三國人力物力財力的總消耗戰賽。就兵力言，明朝投入二十二萬餘兵，朝鮮投入約十九萬，日本四十七萬餘。而戰死沙場者，明軍三成，朝鮮軍八成，日軍除本國外，在朝鮮戰場幾全數被殲。

損失最大莫如朝鮮，舉國淪為戰場，日軍每攻下一城便屠城，老少不留。在一本朝鮮戰後的書叫《亂中雜錄》說：「喪亂之餘，死民之八九矣！舉國陷入絕境，土崩瓦解，險些滅種！」論戰果應有：

㈠正義之重振。中朝聯軍不惜代價，終將侵略者驅除半島之外，重睹和平，是正義的勝利；反之，是侵略者之末路悲歌也。

㈡奠定朝鮮和平基礎。此役之後，侵略者野心為之遏阻，是後兩百年間

日寇不敢再犯朝鮮，安全得以保障。

㈢中國援朝乃義戰，安全基於正義，無條件出兵。終戰後亦無條件撤兵，明軍為仁義之師，當之無愧。

㈣以中朝兩國之歷史、地緣及政治關係的基礎，建立兩國聯合作戰之典範和史例，近代韓戰亦此一典範所形成。

至於談到日本人總愛侵略鄰國，這和他們生在島國又不甘心有關。豐臣秀吉曾自喚「吾不幸生在小島……」就是日本人在心理上就不甘心做「島國之民」的心理反應，於是代代相傳要向大陸發展（如田中奏摺），日本人也就代代都有侵略性。我判斷百年之內，日本還會發動侵外戰爭。

有什麼方法可使日本不會再侵略鄰國，自古以來中國是亞洲的老大哥，有責任處理「日本問題」。把日本收為屬國或我國之一省，或許是辦法之一。

九、這場戰爭結束時已到了明朝末年，明末流寇與滿清入關，終於使明朝劃下悲哀的句點。其實每個朝代的結束，都有許多悲情，在這驚心動魄的大時代，對每個人都有巨大影響，對後世影響多大？

是的，明末的悲情特別多，更多的是驚天地，泣鬼神，可歌可泣的故事。

而且，故事離我們（台灣）越來越近了。

萬曆二十六年年底，中日大戰結束，到明亡（西元一六四四年）才四十六年，這是很短暫的時間。此期間，明政腐敗、官吏貪污、民窮財盡、盜賊四起。叛軍、逃兵、飢民如流，謂之「流寇」，張獻忠、李自成為最大之寇股。

自崇禎元年（西元一六二八年）開始剿寇均無功，直到明朝滅亡為止。

正當明王朝做最後掙扎，面臨瓦解之時，滿清入關，在薩爾滸一戰（萬曆四十七年，西元一六一九年）明軍戰敗，由此節節戰敗向南退卻。直到崇禎十七年（西元一六四四年）三月，莊烈帝縊死煤山，明亡。

但明亡後，明皇室、遺臣在南方及海外（台灣）從事反清復明工作，到

康熙二十二年（西元一六八三年）收回台灣。反清復明的工作，等於進行三十九年，史稱「南明」。皇室的復國工作，前後有福王朱由崧、魯王朱以海、靖王朱亨嘉、唐王朱聿鍵、桂王朱由榔、唐王朱聿金　及宗室朱容藩等，均告失敗。

最有歷史意義，及歷史評價最高者，是鄭成功的反清復明大業。他從荷蘭人手中收回台灣，及最後康熙又收回台灣，是我們現在做為歷史反省與警惕的教材。

這一路下來，到今天台灣的處境，有誰知道和豐臣秀吉有什麼關係？冷靜去思考，會發現存在著因果關係。因為日本人的「天命」，對世界而言，是一股「魔道」。

小　結

中日「朝鮮七年戰爭」打完了，日軍慘敗（被全殲），明朝慘勝，不久亦亡於清（應說是中國式的政權轉移）。日軍雖敗，但「天命」仍在，他們的子孫後來又發動了兩次「天命之戰」，吾人研究前後三次侵華戰爭的時隔：

△**第一次實踐「天命」之戰**：第一次侵華戰爭，即朝鮮之戰。明萬曆二十年（西元一五九二年，朝鮮宣祖二十五年、日文綠元年）始，萬曆二十六年底（一五九八年）大戰結束。

△**第二次實踐「天命」之戰**：第二次侵華戰爭，即甲午戰爭，光緒二十年（一八九四年）六月，到光緒二十一年正月。

△**第三次實踐「天命」之戰**：第三次侵華戰爭，即民國的八年之戰，我國稱「八年抗戰」。自民國二十六年（一九三七年）全面抗日起，民國三十四年（一九四五年）結束。

研究以上時隔，第一次天命失敗到第二次天命再戰，隔了兩百九十六年

（一五九八到一八九四），此期間倭國進行著「富國強兵」改革，而滿清正盛。

第二次天命之戰結束，到第三次天命再戰，則只有四十二年（一八九五到一九三七）。此期間，倭國強盛，而我國內亂（民初軍閥混戰）結束，國家統一不久，按倭國野心家估算，可「三月亡華」，又失算！

從倭國第三次天命之戰慘敗（無條件投降）後，他們以瞞天過海之策，積極整經濟、再備戰，從民間發起「富國強兵、天命再戰」（右派勢力）的聲音。到廿一世紀初，只欠一把「絕世兵器」（核武），若非此次「天譴」，二十年內必練成絕世武功（擁有核武），到時，是第四次啟動「天命之戰」的時機。

好險！來個「天譴」！只死幾萬人！

不然，第四次侵華，中日又大戰，會死多少人？可能又幾千萬，這簡單的算術一估，「天」還是慈悲的！

第二章 倭國二戰後的戰爭準備：以「瞞天過海」之策「再軍事化」

「天」都瞞住了，世人也就看不見。

但「天」永遠瞞得了嗎？世人都是白痴嗎？

倭國子民最近一次實踐「天命」，即第三次侵略中國之戰，我們稱「八年抗戰」，不幸又如第一、二次慘敗。以戰敗國收場，表面上似被解除武裝，因不能建立正規軍。

日本表面上「無軍事武力、無軍隊」，他們說「自衛隊」不是軍隊，故非軍事武力，憲法也叫「和平憲法」。其憲法第九條：

日本人民掬以至誠，願以公平和秩序為基礎，建立國際和平，永遠放棄以戰爭作為國家的主權，以及威脅或使用武力，作為解決國際爭端的手段。

為達成上述目標，日本永不建立地面、海上和空中的軍隊，以及其他的戰力潛力，不承認敵對的立場為國家的主權。

但內行人（有軍事、戰略、國防素養者），都知道大約到一九六○年代後，日本自衛隊的戰力，已是全球第三（次於美國和當時的蘇聯），所以「力量」不能看表相。

日本也是當代（二戰後），唯一能做到「國防與民生合一」的國家。這曾是孫中山的建國理想，全球只有日本人做到藏國防於民生，而且很徹底，內行人也知道，日本的家電。如唱機、冰箱、冷氣機……乃至現在流行的電子產品，當中有些零件可同時用於飛機、戰艦、戰車等三軍武器裝備。

這一切準備，只為完成他們的「天命」，把中國（含台灣）、朝鮮統一起來，成為一個「大日本國」進而再侵略其他鄰邦。

世上有許多大國、強國（如美、俄、印度、中國），亦有好戰之國（如以色列），有那一國家為戰爭準備，能把國防和民生做如此緊密的結合。更厲害的，他們的軍人（即自衛隊員），能與產業界幹部互調，全球何者能做到這個「境界」？唯日本能，這是一個「可怕的民族」。本節略說其產業界和軍事的結合，以二戰後數十年為準，分項如後。

一、工商界為「產業與軍事一體化」的努力

從一九四五年日本無條件投降，二十多年休養生息，國力開始壯大。

一九六九年十月廿三日的「朝雲新聞」報導：

在複雜的國際情勢之下，欲確保我國的獨立與和平，以現有的防衛力量實不足以應付……我國在憲法許可範圍內，應努力於自主防衛力量的建設，國防的主要任務在於充實本身力量，期能自行肩負國家安全責任。因此，必須儘量建立足以對抗局部戰爭的有效防衛組織。

以上乃第三次防衛計劃在進行中的一九六九年十月，當時的防衛廳長官

有田所強調的擴張軍備理論。在這個同時，他復指示有關單位制定第四次防衛計劃（一九七二至七六年）。這時「美日安保條約」才簽了十年（一九六○年元月十九日在華盛頓簽訂），就同理心推論，多數國家不願把安全託於別國，日本也一樣，所以他們要自建武力。

在第四次防衛計畫的草案中，防衛廳長官列舉必須考慮的重要事項有六點：①加強海上防衛力量。②充實空中攔截作戰能力，以提高防空戰力。③提高反登陸及反空降作戰能力。④更新裝備，發展國內技術及裝備國產化。⑤確保戰鬥人員。⑥鑒於琉球地理位置的特殊性，強調機動力與獨立性的重要性。（注意！琉球至今仍是中國領土。）

後來的防衛廳長官中曾根，也繼承了有田的第四次防衛計劃構想，擴大實施「自主防衛」的第四次防衛計劃。

然而第四次防衛計劃的內容，是否僅限於「保衛國家」的目的呢？

根據一九七○年十一月十一日的「朝日新聞」報導：

工商界的領導機構有鑒於從一九七二年度開始的第四次防衛計劃的裝備計劃，認為七○年代的長期財政計劃，應置於加強自主防衛的

戰略目標的基礎上，而透過財政大臣顧問機關的財政制度審議會（會長為阿拉伯石油公司董事長小林中）等有關機構，極力期望政府從明年度的預算開始，從事於建立基礎的工作。

按此報導，日本的工商界對國家軍事力量的增強，比政府官員更有企圖心，經濟當然是主要的誘因，但右派勢力「再軍事化」的主張影響也大。所以，第四次防衛計劃就成了工商界運用的工具，同日朝日新聞又有報導：

……防衛廳於上月（一九七〇年十月）宣佈第四次防衛計劃，日本的防衛方針從「專守防衛」轉變為「戰術性攻勢」，使曾經主張「麻六甲海峽防衛」（木田川一隆，東京電力公司董事長）「修改憲法第九條」（櫻田武，日清紡織公司顧問）「增強三倍海上自衛隊戰力」（大久保謙，三菱電機公司董事長）的工商界領袖，更欲積極推展第四次防衛計劃。因為工商界領袖們認為，日本已躍居自由世界第二位的國民生產毛額國家，所以應配合其經濟力量。

由此觀之，日本等於從戰敗後二十多年又站了起來，推翻「自衛」限制，也打破了所謂的「和平憲法」，他們要轉守為攻了。

二、韓戰契機與「產軍一體化」的起點

日本之曾為世界經濟大國，雖有其歷史背景，如明治維新，但二戰後不久又能壯大，韓戰是重要契機。產業與軍事一體化再度連接密實。

「產軍一體化」起於何時？一九六二年的第二次防衛計畫是重要的起點，此時期，陸上自衛隊與航空自衛隊擁有地對空飛彈，這是勝利女神及鷹式飛彈，從此打開國內生產的道路，並從美國得到的舊型戰車改造為國產化的新型戰車。海上自衛隊則利用日本原本發達的造船技術，力求自行造艦。航空自衛隊以「裝配」方式開始裝備 F-104 新型戰鬥機。自動防空警戒管制系統，亦於第二次防衛計劃中訂定輸入計劃。基於從外國輸入，國內裝配，日美技術合作及國產化的各種方式之下，工商界與政府及防衛當局之間遂漸溶為一體，朝向武器國產化的途徑邁進。

日本「產業與軍事一體化」的狀況已有十餘年的努力，但有百年以上深厚的背景。其密切關係遠超過一般國民的想像，盡在高層野心家掌控著。外界或國際更是不得而知，日本國民其實被野心政客牽著鼻子走而不自知，也可以說人民是被集體「洗腦」的。此種情形在西方民主社會多如是，但日本最可怕！

邁向國產化

三、三菱與國家同在

第四次防衛計劃的預算，從七兆日元削減為五兆二千億日元，一九七二年預算又凍結，產業界當然很不爽。但政客也要顧慮民意支持度，顯然產業界的「國家使命」比當官的更高。一九七二年五月出版的「軍事研究」月刊中，三菱的一個課長田仲廣甫發表演說：

……對第四次防衛計劃的預算凍結，或取消一九七二年度的預付基金等措施，實令人費解。由於受到輿論的錯誤引導而屈就的做法，實使人懷疑是否真正瞭解國防的重要性……。

田仲又說：

……本公司成立以來，抱定與國家共存亡的決心，為國家與社會提供最大的貢獻為宗旨。我相信，我們公司絕大多數員工均具有這種服務態度。

放眼全世界，各國的民間產業，有怎樣的公司行號能說得出「與國家共

存共榮」（即國在我在、國亡我亡），這樣「偉大」又受人「佩服」的話？沒有，只有日本的民間產業有此豪氣、壯志。但他的壯志叫人害怕，叫人心寒的！

就因民間軍火工業有此壯志，也是朝野的共識，他們的武器、裝備幾可完全自己生產，不論戰機、戰艦、戰車等等都能自產，且品質一流。這當然和兩百年工業基礎有關，也並非戰後，二十年可完全辦到。

四、「產業與軍事一體化」的神奇關係

一九七〇年八月十四日的「每日新聞」，報導：

　　……三菱重工業公司在戰後擁有三分之一的飛機市場，因此目前所佔的百分之三五比率並不算高。戰車市場為百分之百，此與技術有關，故不得不集中於一製造廠……

三菱重工業公司董事長河野文彥理直氣壯地說，三菱航空工業公司得以獲取巨額的防衛預算，是從製造零式戰鬥機以來一貫的業績表現。

然而被認為「國家兵工廠」的三菱重工業公司，由政府於戰後的第八年賦與成立噴射式軍機公司的機會。當時，駐日美軍的 F-86F 噴射戰鬥機，T-33 教練機的機身及引擎的維護修理工作，經與三菱及川崎航空工業公司訂約，從而給三菱公司打開一條對新型軍用飛機的研究與學習的道路。

製造了 F-86F 戰機經驗後，接著又獲得當時所謂「最後戰鬥機」F-104J 的生產工作。從此，三菱一躍而為第一流的飛機製造廠，其背後則隱約顯示出產業與軍事一體化的微妙關係。所謂不建軍備，已是謊言。

五、民間產業的「軍火」雄心

一個國家的軍備必然都要前瞻數十年，像日本這樣急於實踐「天命」的民族，必定天天都在想著如何可以找到「絕世兵器」可以稱霸武林。

一九七四年航空自行隊開始進行 FX（新型戰機）選定工作，民間的航空工業打起前哨戰，候選主要機種如下：

①F-16 戰鬥轟炸機：美國 G.D 公司（日本方面的公司未定）。

②F-14 戰鬥轟炸機：格魯門公司（日本方面為丸紅或住友商事公司）。

③P-606 戰鬥轟炸機：諾斯洛普公司（日本方面為伊藤忠商事公司）。

④F-4 改良型戰鬥轟炸機：製造商（三菱重工業公司）。

⑤T-2 改良型戰鬥轟炸機：製造商（三菱重工業公司）。

日本的「產業與軍事一體化」，通常是政府和民間唱著雙簧，政府說軍事力量要強化，武器製造商就增加生產量。這回的新戰機選定也一樣，三菱重工業公司首先獲得一二八架F-4EJ 戰機的生產合同，後來製造商再要求追加生產二四架。

這種由製造商追加生產量的要求，早已成為一種貫例，因為民間公司總認為國家的軍事力量不夠強大，要追加國防預算（下項說）。甚至可以這麼說，民間產業量的武器製造商，想要製造多少武器，以多好的價錢賣出，幾可隨

FX （五次防戰鬥機）

AEW （早期警報機）

FS （地面支援機）

VTOL （垂直起降飛機）

PXL （偵察轟炸機）

第五次防衛計劃的作戰飛機

心所欲，這是「產軍一家」的結果。以 F4-EJ 為例，三菱訂定交貨單價十六億日元，生產時成本提高而要求二十億，一九七三年交貨又提高到二十二億日元。防衛廳也幫製造商背書，說：「這是無可奈何的」。

假如拿台灣和日本民間產業比較，日本產業界對製造武器裝備，比政府更有企圖心；而台灣完全沒有。

一九六六年元月，防衛廳長官松野賴三說：「如果日本五年內能發展一．五馬赫噴射教練機，當可由本國自造。」不久，三菱公司發表超音速教練機（TX 型）建造計劃，三菱在第四次防衛計劃中即得到製造合同，生產五十九架 T-2 教練機。

六、民間製造核武探索與軍費「聖地化」

──工商界國家主義的形成

世界各國的民間聲音，都希望國家的國防預算越少越好，人民的負擔可以輕些。大概只有日本的工商界，天天高喊要大大的提高國防預算，這是一種強烈的國家主義（軍國主義的兄弟）。在當時日本各界很有名望的社會領

袖，有如下的看法：

三菱化成公司董事長篠島秀雄說：「國防預算為國民生產毛額的百分之〇‧八四（一九六九年度預算），實在太不像樣」。

三菱電機公司董事長大久保謙說：「居於自由世界第二大國的日本，一直仰賴外國的軍事力量，實屬一種恥辱」。

阿拉伯石油公司董事長說：「將來應製造核子武器」。

前三菱重工業公司董事長牧田說：「應把日本武裝為刺蝟一樣，以保衛國家」。

東京電力公司董事長說：「必須確保麻六甲海峽的航海安全」。

以上或許不能視為「普通民意」，因為每個國家的政局和民間社會，必然有從左到右不同程度的主張。但像日本這種民間社會的「國家主義」，聲浪必定很高，勢力也強大，才有可能形成政策，甚至主張要製造核子武器。

為何要確保麻六甲海峽的航行安全，因為日本是一個極度依賴外國能源的國家。以一九七三年四準，石油佔日本總能源消耗總量百分之八十點四，其中百分之九十九點六要進口，這些進口中的百分之八十以上來自中東，必

經麻六甲海峽，這是日本的「生命線」。

當然，日本民間也有主張減少軍費，維持「和平憲法」的局面，但這種聲音很少發生作用。例如一九六七年十月，經濟企劃廳長官宮澤有意減稅，大藏省也要限制軍費的高漲。但最後結果，都認為「防衛經費應不受經濟變動影響，也與其他經費無關，應予以保障。」軍費成為一塊「聖地」。

軍費為何會「聖地化」？這其實是軍國主義的傳統，早在一九三七年日軍全面侵略中國時，當時就成立「臨時軍費特別審議機構」，從此軍費脫離財政機構（大藏省）的掌控，獨立成一塊不可侵犯的「聖地」。

二戰後不久，軍費很快恢復傳統的「聖地化」，等於是軍國主義「復活」了，這是極少人能看得出來的，世人多麼容易被騙，以為白紙黑字寫「和平」，就真和平了！

七、軍費增加率世界第一

一個宣稱「沒有軍隊、沒有軍事武力」的國家，為什麼軍費增加率是世界第一，超過同時期的世界最大軍事強國美國。顯然這個世界，一切的表面

是「不能看、不能信」的。

日本軍費的比率佔國民生產毛額的百分之〇‧九，在大國與中等國家中可說是最低的比率。但不明究理的人，會以為軍費佔國民生產毛額低，軍力就低。以一九六〇年代為準，日本的國家整體力量排名全球第八，僅次於美、蘇、中國、英、法、西德和加拿大；而同時代的台灣有五十萬大軍，排全球第二十七名。（見參考書目，鈕先鍾，《世界各國國力評詁》一書）。

然而，國民生產毛額佔世界第二位的百分之〇‧九的軍費，與國民生產毛額佔世界第十位的百分之二的軍費，究竟那一邊大，不言可喻。而且日本軍費的增加率為世界第一位，以一九六三至六八年為例，其增加率高達百分之十一‧三，超過世界最大軍事強國美國的百分之八‧七。

目前，投資在防衛生產的國家資金十分龐大。就以一九七一年度十大廠家的承造情形，也可瞭解其大要。

① 三菱重工業：八百零九億一千二百萬日元。

② 石川島播磨：二百九十一億六千六百萬日元。

③ 川崎重工：二百七十九億八千萬日元。

④三菱電機：二百二十三億五千四百萬日元。

⑤東芝電機：九十八億六千七百萬日元。

⑥新明和工業：七十九億零六百萬日元。

⑦日立製造所：四十八億六千八百萬日元。

⑧日本電器：四十六億四千八百萬日元。

⑨小松製造所：四十二億零三百萬日元。

⑩島津製造所：卅八億七千五百萬日元。

以上十家廠商，三菱佔兩家。但行家會注意另一個「門道」，這些敵商不僅製造民間一般家電，也同時製造軍事武器裝備，前文提到家電零件可和戰機共用，這是可怕的地方。

軍事預算能大大提高，背後當然要國家

各國軍事預算的成展率
成長中的日本防衛經費

經濟力的支持。此時的日本已是世界第三大經濟強權，以一九六九年東亞為例比較便知驚人，國民生產毛額，日本一六七・四（單位：十億美金，下同）中國大陸五六・二、台灣地區四・八、越南三・〇、新加坡一・〇，此時日本經濟已是震驚全球。

八、「三菱」就是「三軍」

三菱重工業公司為中心的所謂「三菱兵工廠」體系的壟斷現況，與日本軍事力量相益得彰的情形，也不能不予密切注意。

在一九七〇年八月十九日出刊的「經濟學人」雜誌中，以「與某人談話一小時」為題的文章中報導：

三菱的武器獨佔

關於武器武產工作，我們不能一味的只考慮利潤問題，最重要的，仍在於如何認真創造優良的品質。如果不能製造優良產品，那是一項罪惡。對於從事拼命工作的人，我們不能不給與最佳武器。

九、日本再武裝：全靠三菱

日本把國防軍備的國產化集中在三菱，而三菱的「直系」公司至少五十家，再加上衛星極為可觀，形成「金字塔型的三菱軍備體系」。其衛星公司偏重武器生產，以投機企業利潤提供三菱總公司，這些轉包的公司，促使日本產業結構走向軍事化，全世界只有日本能做到。朝日新聞出版的「日本的剜

三菱集團事實上已壟斷日本三軍的武器裝備（如圖），戰車、魚雷、轟炸機更是百分百佔有，潛艦則三菱與川崎重工瓜分，勝利女神和鷹式飛彈三菱是主角，東芝電機只是配角。

這種情形當然是政府和防衛廳有意扶持，在「產軍一體」政策下，三菱的「三」，也象徵着陸海空的「三」軍。

星」一書這麼說：

三菱對國家再武裝工作提供了很大貢獻。三菱重工業公司——有時被稱為「東洋的克魯普」，於一九六五年至七〇年之間獲得百分之四十六的防衛生產契約。由四十家以上企業組成的三菱集團，支配著日本防衛產業的三分之一（一九七一年四月廿九日每日新聞報導）。這無疑是世界最高紀錄。由一個企業團體支配全國的重要國防工業，不但製造艦艇，戰車及飛彈，也生產軍用噴射機的機體與引擎，這種現象可說自由世界國家中僅日本一個國家是如此。

如美國記者雅克塞班克所指出的，三菱集團所建立的軍品生產霸權，實使外國人感到驚奇。

日本再武裝之成功與快速，雖說靠三菱，這當然是很抬舉三菱，也不無道理。回顧三菱的歷史，甲午戰爭和日俄戰爭中三菱就積極造艦，打敗了中國和俄國；一次大戰時亦配合武器生產，而太平洋戰爭更負責生產了一萬七千架零式戰機，巨型戰艦「武藏號」等十四艘軍艦，都是三菱的產品。

客觀環境（日本軍事體制）也是重要原因，十九世紀末進行軍事體制改革，採「德國式」軍事思想，盡得毛奇思想之精華，殲滅戰、精兵主義，是日軍重要傳統，戰敗只是一時挫折，很快又站起來。是故，在《麥克爾與日本》一書說，德日兩國在國情民情上略同，但普魯士民族有反省之心，倭國民族則無。

十、三菱建立鈾元素提煉廠、原子動力潛艦

鈾元素拿來做什麼用？四十年前恐無幾人知道。任意問個人，他還以為期貨熱門的商品，或比銅線更貴的金屬，可以偷來賣給收破爛的！但現在任意問一個國中生，都知道那是用來造原子彈的。一九七一年，三菱重工業公司和三菱金屬公司與美國西屋公司簽約，設立核子燃料公司，三菱乃重新調整內部有關核子研究發展之組織，另成立三菱原子動力工業公司，並由三菱金屬公司成立鈾元素提煉廠，完成核子生產的一貫體系，製造核武算是完成「準備工作」，隨時可以製造。

以三菱只是「民間公司」，有可能「私自」提煉鈾元素嗎？顯然得到國家

的支持，數十年了，鈾元素存量必然可觀（結論詳述）。

當一九七一年三菱設立鈾元素提煉廠時，很諷刺的，前一年（一九七〇年二月三日）日本政府也簽署「禁止核子擴散條約」，發表聲明不發展核武。

在第四次防衛計劃中，三菱建造的「淚滴型」潛艦，已是世界一流的原子動力潛艦，只差沒有把原子爐裝到艦上。

當二〇一一年三月的大浩劫，震出日本製造核武的一些問題，世人疑惑，其實四十年前就開始了。

十一、推翻憲法、重返軍國之路

二戰後不久，工商界就提出「軍備擴充計劃」，按此計劃日本要建立五十萬大軍，其詳如次：

一九五三至五八年間，陸上兵力應提高為十五個師，三十萬人（裝備以三十個師為目標）；海上兵力應提高為艦艇二十九萬噸，七萬人；航空兵力應提高為飛機三千七百五十架，十三萬人。六年所需經費二兆九千億日元（每年平均四千八百億日元）。

一九五四年八月，日本全國經濟協會創立「防衛生產委員會」，翌年，發表「防衛力量重整方案」。常識都知道，在世界各國這是國防單位的工作，民間任何組織那有資格，也沒有能力去做這種方案。顯然是政府不方便做，「策動」或默許（暗中支援）民間去執行，可謂朝野以瞞天過海之計，推翻了「和平憲法」。

表面上看，這也可說是工商界欲假借國防之名，建立軍需經濟目標所要的花招。工商界一再對政府施加壓力，以期在增強防衛力量的要求下推展防衛產業。

在此情形下，工商界給日本的防衛計劃帶來莫大的影響力，成為一種巨大的推動力量。一九七○年，三井物產公司董事長水上達三說：「今後，海洋開發，住宅建設及防衛產業等，將成為日本的三大產業」；此一工作方針，也在全國經濟協會的防衛生產委員會中被訂為七○至八○年代的工商業目標。

當時的防衛廳長官中曾根，被邀列席此一委員會時說：「贊成工商界的看法，並將提供必要的協助」。因此，當牧田與一郎於一九六九年四月出任三菱重工業公司董事長時，也強調：「將進一步加強防衛產業工作」。

十一、新世紀日本的軍備與「終極兵器」

二戰後，表面上日本依賴美國的「美日安保條約」維持國家安全。實際上他們有自己想要的，他們也在利用美國制衡中國的崛起，那是別話了。

一九九五年檢討第五期（一九九六到二〇〇〇年）五年防衛計劃，將原「北方防衛政策」修正為「全方位防衛政策」，其自衛隊按「日本防衛大綱」（一九九五年），仍保有近二十四萬人。有先進的武器裝備，也有成熟的核武技術（此在二十世紀末已非高深之科學技術）。

二〇〇六年十一月三十日，日本把建軍整備再向前邁進一步，防衛廳升格為防衛省（Ministry of Defense），經國會支持同意，二〇〇七年元月九日正式正格

由於日本國力的增強，又開始覬覦其週邊地區的別國領土，如俄羅斯的北方四島、韓國之獨島、中國之釣魚台列嶼等，這個「菊花之民族」強大了，便會侵略別國。

但像北方四島、獨島、釣魚台這種「碎屑」，他們「吃」的沒有「飽足感」，他們最在乎的，生生世世，每一代「漢倭奴王國」的子民，還是他們的「天命」何時完成？何時能完全佔領中國、朝鮮，台灣當然跑不掉！把他們統一起來，成為一個偉大的「大日本國」。

要完成這種天命？怎能沒有「絕世兵器」──核武。

小結

本節重點在揭發日本二戰後戰爭準備的真相，所謂「不建立正式軍隊、無軍事武力」，所謂「和平憲法」，都是政府對外公開的「政治語言」，實際上早已是軍事強國。

政府也向國際宣誓，不建造攻擊性武器。而實際上，在第四次防衛計劃（一九七二年），由三菱生產一二六架 FST-2，正是攻擊性能很強的機種。

日本的戰爭準備（國防民生合一）也是全世界一流的，前面提到許多家電零件同時可用在軍事上的武器武備，另一個也是不為外界所知的厲害，防衛廳幹部可以和產業界對調，乃至輪調，使「產軍一家」。

日本政府也宣稱不製造核武，但一九七一年三菱公司成立鈾元素提煉廠。「鈾」是什麼？拿來幹啥？廿一世紀的現在，應是個基本常識吧！

從一九七一年到現在已經努力了四十年，核武所要的各種原料、零件、技術、配備應早已具備！

只要時機成熟，第四次「天命之戰」啟動，要取中國，必先拿下朝鮮和台灣。到時，他們製造一顆「核彈」所要時間，會比滷一鍋「滷蛋」多多少？

大前研一在「低 IQ 時代」一書，把自己國家說成「低 IQ、智慧衰退」的「笨蛋社會」。我以為，大前研一若非「當局者迷」，便是「扮豬吃老虎」，想要談導外界！

這是一個極「深沈」的民族，外界看到他們有禮、有序、清潔，都只是表相。；心中想的，都是如何布局「天命」、完成天命！這會是低 IQ 社會嗎？

除了一些搞不清狀況的哈日族，及「忘了我是誰」的一些漢奸本性（如金美齡、李登輝、自由時報群、台灣教授協會、長老會等獨派人物），這世上沒幾人喜歡日本人。

李敖說：「我恨日本人，但日本Ａ片拍的真好。」（中國時報民 100 年 4

月 26 日 D5 版）。我也討厭小日本鬼子，那些親日派拿熱臉去貼人家冷屁股，人家回頭還冷笑著⋯⋯「這些大日本國的皇奴⋯⋯」。

第三章　天揭開了真相‧以中國天命制倭國魔道

「天譴」，天揭開了真相。

是誰的天命！是不是天命？

我的天命是

宣揚以中國春秋大義之天命，解決倭國之魔道，收服倭國為中國之一省，完成中國在元朝就必須完成的天命。

一、「天譴」：天揭開了真相

日本於二戰後，以一部「和平憲法」宣示天下，聲稱今後日本不建立「正

規軍隊」，不發展「攻擊性武器」，只建立必要的自衛性戰力，當然就不會再去攻擊任何一個國家。

但二戰後不久，這部「和平憲法」很快被「典藏」於高閣之書櫃中，以「瞞天過海」計，重建軍事武力，也很快成為全球一流的軍事戰力。

所謂「日本有沒有核武？」存在，事實上是日本朝野有共識的在玩弄世人的眼睛和腦袋，他們四十年前就開始建立鈾元素提煉廠，要幹啥？難不成用鈾元素製造兒童玩具嗎？但若問我「日本有沒有核武？」

我只能回答：「現在」沒有！難道我也是倭國的同路人？或一心想當皇奴，學李登輝、金美齡、自由時報群、台教會、長老會等漢奸本性，向日本效忠乎？

非也！我舉一例子，有一老不死的叫李登輝，一心想稱霸武林，必需擁有一把「絕世兵器」。他對別人說只是一個老鐵匠，只會打造種田用的器具，其他啥也不會！

他在秘密中進行著，有時公開給大家看，物件A、物件B、C、D、E……都有了，沒有一樣看起來像兵器。所以，李老先生「現在」連兵器都沒有，

何來「絕世兵器」？

只要時機成熟，李老頭可以在極短時間內，少許加工組合，就能擁有一把可怕的利刃，他想要的「絕世兵器」。

同理，很多人問我「日本現在有沒有核武？」

我答：「現在」沒有。

所謂「瞞天過海」，就是「天」的眼睛被矇住了，世間的魔道邪惡勢力乃能公然行之。（如二○○四年台灣的「三一九」槍擊弊案，獨派竊取國柄，用的即是三十六計之首計「瞞天過海」。）

但「天」的眼睛會不會永遠被矇住？當然絕不會，否則何來「天譴說」？所以像「三一九」這類邪惡之行，遲早都要受到報應，這是

整理：特約記者 羅培菁　繪圖：徐振坤

因果律，當事人陳水扁已在天牢，這還不夠，更多製造族群分裂的人尚未受到報應，天譴未到！

日本這次天譴，真是老天有眼，雖傷亡兩萬多人，但救了無數日本人和週邊地區各國人民。試想，若有一天倭國子民又神經要完成「天命」、「亮」出了「絕世兵器」，這世界要多死幾萬萬萬……萬萬人？

到底「天眼」為世人揭開了什麼？以下是浩劫後網路、媒體流傳的資料，我略加整理。

日本人對於核電廠的消息並不透明，大浩劫一開始美國主動說要給冷卻劑，日本卻拒絕了……這麼嚴重的事情，為什麼爭分奪秒，不派大量人力去救核電廠，只有幾十個工作人員及其他自衛隊，為什麼不一開始用硼酸，要用海水……許多人都猜核電廠有不想別人知道的秘密……

為什麼美國的航母要調頭？他們的直升機在約一百公里外接觸到的放射物包含了什麼？如電影般的情節，背後隱藏了……

最要命的是，日本人採取的燃料，不是大家通用的鈾，而是鈾和氧混合體。這樣做，經濟上非常不划算，安全上也不好。唯一的用處，就是燃燒過

後的廢料，就是提純的鈾，可以用來製造原子彈。

其實這也是日本一直秘而不宣的「和平核能」政策，就是通過所謂和平的利用核能，日本名正言順地生產和儲存了原料，可以製造幾千顆原子彈，再加上日本的技術，可以快速地安裝原子彈，用來制衡它認為有威脅的國家。

日本 37 萬平方公里，卻變態地修建了 57 個核電站，發出的電不到全國需求的 30%，一個核電站有 4-6 個反應爐，即全國有三百多個反應爐。37 萬

*30%＝11 萬平方公里，即三百多個反應爐為 11 萬平方公里供電

110000/300＝367 平方公里

也就是說，日本的一個核反應爐只為 367 平方公里提供電力。相當於每個縣級城市就要配一個核反應爐。這正常嗎？（以此比例換算成的台灣，約要 10 多個核電廠）

事實上，作為一個島國，日本有著豐富的潮汐和風力發電資源，同時太陽能也非常先進，但該國對這些視若無物，多年來，全力發展核電。

如果這僅僅是電力需要也就罷了，但是，有多少人知道？在核電技術已經突飛猛進的今天，日本的核電設施卻一律死抱著第一二代技術不放。

福島核電站採用的是鈾混合氧化物這種比鈾氧原料貴 2-3 倍，而且危險性高的原料，反應堆用的也是安全性差的快增殖反應堆，而且沸水堆只有一回路，直通渦輪。日本人玩這種手段只要有點腦子的都看得出來他們想要幹什麼：不就是為了儲備製造核彈的那點鈾嘛。

現在據報導爆掉的一號堆已經在用硼酸了。一開始不肯用是因為一旦用了硼酸，裏面的核燃料就全部報廢了。福島電站用的可是 MOX 燃料（MOX 燃料是混合燃料的簡寫，目前用得最多的是 UO2 和 PUO2 構成的氧化鈾鈈燃料），那可是極重要的戰略資源。

現在國際上最新一代的核反應爐是號稱出事故，緊急停爐後 36 小時無人看護照樣安全的。但日本人就是不用。簡單地講，它們只造最原始最落後的核電站，絕不採用新技術，哪怕是新技術再成熟，再免費。

因為原始的一二代技術最有利於大量提煉核原料。最浪費，最低能，最高消耗，最大成本，最不安全，只為換得核原料。

這場核災難到底會發展到多大，至少還有三個問題沒公開，離了這三個問題，誰也無法預測，只有小鬼子心裏清楚。

第一個問題：它們造出來的四千枚核彈的原料存放在哪裡？是否安全？！

第二個問題：在這些核電站裏，到底還有什麼秘密，這些以製造核彈原料為目的的核電站裏，都有哪些高危和不可告人的東西？！

第三個問題：日本這些年積攢的核廢料都放在哪裡？在陸地上？還是在海裏？還是偷運到哪裡去了？會不會產生危害？

一切似乎冥冥中注定著，如果日本繼續製造核武器，他們將會用這些武器做些什麼呢？沒有一個島國如日本般，不主力發展潮汐與太陽能，卻不斷地發展核電，用那些核廢料生產出能夠製造出原子彈的鈾。

一場海嘯，猶如潘朵拉的盒子，將日本的核武器計劃掀了開來，某方面也算救了日本人，還有更多的眾生。大部分日本人仍是善良的，他們也是無辜及不知情的，問題在於政治被日本右翼所掌控。將靈魂賣給了魔鬼，卻被那隻魔鬼反噬。

二、以中國之天命，解決倭國之魔道

世間很多事情看似無解，例如有沒有神？有沒有鬼？有沒有來生？有沒有因果報應？……若從很低的層次看，都是無解……人生到處是無解的習題……統獨也無解。但若層次慢慢拉高，都有清楚的概念，明確的答案。

二〇一〇年八月，我參加佛光山「全國教師佛學夏令營」，第五天八月二十日是慧開法師（南華大學副校長、生死學系教授）上課，主題是「生死之奧秘……業與輪迴」，他是數學系畢業的，他就用數學、物理概念的啟示，為學者詮釋這類看似無解的問題。（如次）

世間一切問題，都可以從不同層次找到解答。一度空間無解的，二度空間有解；二度空間

● 在自然數系中：$2-1=1$，而 $1-2=$ 無解

● 在整數系中：
$1-2=-1$，$4/2=2$，而 $4/3=$ 無解

● 在有理數系中：
$4/3=1\frac{1}{3}$，$\sqrt{4}=2$，而 $\sqrt{8}=$ 無解

● 在實數系中：
$\sqrt{8}=2\sqrt{2}$，而 $\sqrt{-4}=$ 無解

● 在複數系中：
$\sqrt{-4}=2i$，$\sqrt{-8}=2\sqrt{2}i$

無解的，三度空間有解……人生視野的高度決定廣度，即王之渙的詩句，「欲窮千里目，更上一層樓」。

佛教中的「業」、「輪迴」，及至佛、菩薩等之如何、為何、何在？拉高到某一層次，都清清楚楚，沒有問題。慧開法師的講法，讓很多人頓悟。

數百年來，對於倭國民族為中國、鄰國及全世界帶來多少苦難！至今不賠償、不道歉、不負責，又偷偷摸摸的，暗中進行著戰爭準備，要完成他們的天命。對於這樣的大問題，我苦思數十年不得其解，晚近以來聞大師開示，慢慢悟出解決辦法，就是「以中國天命解決倭國天命」，進而把倭國各島（不含北方四島，該四島乃俄國領土），收為中國之一省份（或特別區均可）。

事實上，這不過是完成了中國在元朝的天命。中國人本有這樣的天命，可惜後來忘了。我現在再喚醒這天命，也可以說「喚醒中國之天命，是我個人今生之天命」！

而且我認為，中國人要完成這個天命（收日本為中國領土），並不難，只要中國人醒了，數十年乃至百年之內，頂多一百五十年，必定完成。這是要從國家的總人口、領土、資源、文化包容力及發展程度來看的。

反之，小日本鬼子要完成天命，真是寡婦死了兒子——沒希望。因為大小就是一隻貓——頂多是一隻很兇的貓，絕不可能成獅、成虎——成森林之王！

換言之，日本鬼子絕不放手，中日難免爆發第四次大決戰——中日最終之戰，且就在本世紀中葉之前。這樣的「預言」（我是「預測」），其實在我小時候，乃至學生時代，就已經流傳著。

最近我看到網路上有「引起中國人震驚的一篇演講」，我好奇打開看，正是幾十年來我思考的問題，內容也流傳很久了。但內容很有價值，深值海內外所有中國人、華人警惕，提高警覺，好好準備完成炎黃子孫之「天命」。

按「引起中國人震驚的一篇演講」（簡稱「驚文」，講者是余世維（現任上海慧泉企業管理諮詢有限公司董事總經理、美國富頓集團中國總經理）。他曾服務的客戶有：日本航空、飛利浦、柯達、聯合利華、**ABB**、三得利、**3M**、西門子、摩托羅拉、中國電信等國內外著名企業，他又是美國哈佛大學企管博士後、英國牛津大學國際經濟博士後。

這是余世維的學經歷和背景，他的洞澈之言甚具智慧，也真是一位我心

目中的先知先覺者，在這個問題上我從未碰到一位和我一樣「清楚明白」者，我當他是一位「陌生的知音」。

余世維在「驚文」推測，中日這場戰爭可能暴發的時間是二○一五到二○二○年間。日本自始至終都在準備這場戰爭，一切事情都從長計議的進入長期準備狀摯。余先生深入解析，發現日本已是「全國皆兵、全民皆兵」（表面看不出）。「驚文」舉四個例子：

第一個例子，中國大陸一個河北的石家莊，一個山西的太原和大同是產煤的地方，你認為最大的買主是誰？是日本！其實日本這個國家是不燒煤的，你有沒有注意到，為什麼日本大量的向中國採購煤炭呢？其實二、三十年來日本大量不斷地向中國採購煤炭，回去以後在日本的下關下船，然後統用水泥把他封起來，封成一個個石方，然後沉在日本內部的內海的海底。聽說現在已經沉下去半個太原，這些煤炭是準備將來跟中國打仗的時候要用的。西元二○一五年至二○二○年，中國跟日本可能開戰。這時候中國的核潛艇可能封鎖他的太平洋，中國如果那時有航空母艦，可能出動在日本海，日本主力艦如果跟中國戰艦作戰，就把這個煤炭挖起來燒。所以，現在就開始在

採購了。所以，中國一船一船的煤運向日本去，統統沉在他的海底，我們卻不知道他心中有什麼想法？

第二件事情，從人造衛星看下去，整個日本是條綠色的，你知道為什麼嗎？因為他們的樹一棵都不砍。在日本砍任何一棵樹，都要經過日本政府的許可，因為他們把森林看成重要的資源。可是全日本都用筷子，那怎麼辦？就將中國東北、黑龍江、大興安嶺的木材統統向日本出口，從烏蘇里江送下去，在符拉迪沃斯接克裝船了以後，向日本外銷。所以日本人買的全部是我們東北的木頭，買回去以後全部削成筷子，給一億一千萬人口使用。當他們吃完以後，沒有一根筷子是丟掉的，全部收起來，再給他磨成紙漿，賣給中國的《人民日報》印報紙。所以《人民日報》印報紙的紙漿全部是自己的木頭，不過是在日本人的嘴巴上面轉了一圈。

第三個中國的稀土金屬，出口最大的是日本，中國稀土金屬企業的老總沾沾自喜於「廉價國家資源出口創匯多少？」，卻不知道日本人將這些稀土原料加工成一種粉末，塗在「點離子彩電」螢幕上，以昂貴的高價格賣給中國人，中國人的家庭買了還向鄰居客人炫耀！日本要壓制中國稀土企業降低價

格，不降就停止進口，中國企業就要破產倒閉發不出工資，於是爭相降價，相互殺價只為了討好日本，而中國國務院稀土辦公室昏瞶的沒有任何應對的商業戰略。前段施加日本壟斷提高鐵礦石價格壓制中國鋼鐵企業也是這樣的戰略，中國沒辦法！（這是余世維的看法，我樂觀些。）

第四件事情是中國的雲南山區一所破爛小學的課桌卻寫著「日本政府捐贈」的字樣，我不禁認為，「日本鬼子從中國孩子幼小心靈開始公關腐蝕，而我們的卻貪污腐敗不願意投資教育」而感到悲哀！

這四個故事，給你一個什麼啟示？一個國家要有危機感，就要像這樣子，全日本都有這種危機感。每一根筷子都不丟，知道那個是紙漿的原料，每根筷子來自中國的木頭，知道自己的樹是不能砍的。所以這個道理在他們那裡講是一個國民意識，就是全民動員積極備戰！日本的海軍一直在刺探中國？然而我們很少有人知道日本海軍的總人數，已經是世界排名第二位，已經超過了俄羅斯了，僅次於美國，他還叫做海上自衛隊。只差航空母艦和主力艦沒有做，其實是個標準的海軍，他卻只是稱他為自衛隊；但是做軍人總要有磨練的機會吧？有機會總要打打仗吧！所以他一找到機會，就總是要操兵一

下，練一下。

余的四點看法我略都贊同，他對美國和日本這兩個民族也有不同看法，一樂觀一悲觀。他覺得美國其實不是中國的心腹大患，美國那些傢伙，喜歡當老大，沒有事就過來問：「你看誰是大哥？」「那當然是你了，老大。」他就說：「說的也是！走了」他就走了，你就不要管他了。他對中國沒有領土野心。倒是那個小日本就不同了，一碰到的時候就說：「日中友好」一邊握手，一邊在那裡磨刀，沒有事就恁搞你一下。所以我想到躺在旁邊那個日本，我晚上都睡不著覺；而那個美國，坦白講，我真的無所謂。

以他對這兩個民族的瞭解，因為與這兩個民族交往了二十幾年，不是讀書就是就業，不是出差就是在那開會，所以，他到現在還有一大堆的美國和日本朋友，他對這兩個民族的看法始終是耿耿於懷。所以，他始終認為日本這個國家，遲早要跟中國再幹一仗的，因為他們天生下來就是缺少資源。為了活下去非打不可，你認為怎麼辦呢？雖然這個問題是個國家問題，那麼跟企業和個人不是完全一樣嗎？難道中國企業不能想像，我是一個缺少市場和資源的企業嗎？我也要在人家的腰上咬一口啊！不是一樣的道理嗎？那人家

也是這樣想你們的，也是在你的腿上開飯吃一口肉，也是一樣的嘛？所以每個企業都要有短中長期計畫。你們的計畫！是什麼？我們不用討論，那時有沒有，你自己在心裡想想看。

我對「驚文」唯一的評論，是余對大戰略、大國競爭及美國這位「隱形帝國主義者」不夠了解。余先生認為「美國對中國沒有領土野心」，這是事實。但他不知道二戰後的美帝「新帝國主義者」，企圖心不在領土的佔領，而在掌控該國（或地區）之「政軍經心」。這種「掌控」，普通人連自覺都沒有，更無警覺，故稱「隱形帝國主義」。

第一實例，二戰後，雖已歷經冷戰、後冷戰、新冷戰至今廿一世的幾個時代。但西太平洋北起南韓→日本→台灣→菲律賓之戰略線，始終在美國掌控之下，為美國之「國防戰略前線」（即很多人習稱之「看門狗」）。美國不必費心來佔領這些國家（地區），惟無不歸其所用。本此而論，日本也同樣是美國的看門狗，只是他們利用此一契機壯大自己，在尚未強到可以打敗中國之前，美國人對日本人還有利用價值，他們會盡量利用（如牽制中國）。

所以，余世維說「美國對中國沒有領土野心」「別管他」「無所謂」。因為

美國仍有可能成為中國的潛在敵人，目前尚稱「戰略夥伴關係」，不能無所謂，現在中國的全球唯一最大的競爭者就是美國。

假如有一天中國總體國力真的超越了美國，還怕日本嗎？一切按正常發展，沒有意外，這一天大約是二○五○年。距現在還有四十年，我沒什麼機會看到，除非天命——天要給我命。

最近在日本社會也秘密流傳著「二○一五年滅亡中國戰略計畫」，企圖先把中國分裂成七塊，再一塊一塊吃掉，重提了「滅亡中國、征服亞洲」的神話故事，這只能當笑話看！一個得了「民族精神病」的幻想！

但只怕這一天未到，小日本鬼子等不急了，就急著要發動第四次「天命之戰」，若然，是中國天命完成的時機。若余世維的判斷正確，我有生之年必可看到中國天命完成，收日本為中國之一省，不亦快哉！

結論

倭國自他們的先祖，織田信長和豐臣秀吉異想天開，創造出所謂「天命」，那真是天命嗎？若然，是天意也，必有益世道人心，有益世局和平。

然而，不是，那是「假傳天命」，為其本國子民和鄰邦國民，帶來無窮災難。那是狼子野心窺起的「魔道」，兩顆原子彈只能消滅魔道的「有形戰力」，卻不能盡除其「無形戰力」。

中國之天命是謂真實不虛之天命，完成後便是永久解決「日本問題」，朝鮮、台灣、中南半島、南洋……不用擔心「鬼子來了！」

馬丁‧賈克在《當中國統治世界》一書結論說，「假設中國持續快速成長，日本最終將被迫接受中國在東亞的領導權」，語意何在？費正清（John King Fairbank）亦認為中國的「天朝世界觀」已然形成，日本對中國只能成為屬

國，定時向中「朝貢」；不然，就成為中國的一個省級單位，至少也是一級的。

是故，總結一言，廿一世紀中國人必須準備這最後一戰的「最後一次的決戰」，這確實是中國人的「最後之戰」，為何？

環視目前對中國還有「領土野心」，且有各種徵候的表態者，只有小日本鬼子，真是吃了熊心豹子膽、吃了秤鉈鐵了心、「給鬼牽去」，世世代代把侵略中國、侵略鄰邦，姦殺鄰邦女人當成「大和民族的天命」！中國人能不備戰乎？

再看中國其他鄰國。兩個大國印度和俄羅斯，他們對中國沒有領土野心，且目前和中國關係都好。另外，越南、寮國、緬甸、尼泊爾、巴基斯坦等，自古以來和中國關係一向很好，更不可能有想要「侵略」中國的想法。

啊！中國，廿一世紀的炎黃子民，好好準備這最後一戰，永久性的解決「日本問題」，收服日本成為我國之一省（或特區亦可），從此亞洲無戰爭！世界大同、和平有望！這是中國崛起後，領導世界，對這個世界的責任和「天命」。

如何才是廿一世紀中國人的最後一戰？

我的辦法是在「最適當的時機」，目前（二〇一二年九月間倭人欲將釣魚台國有化之際），時機尚未成熟，至少我這半調子「戰略家」看法未成熟。使情勢再外高，再接近「戰爭點」，以迅雷不及掩耳之勢，在某個午夜十二時，以五顆核武同時發出……約可消滅倭國三分之二人口……零晨三點宣佈戰爭結束，收服倭國改中國的「扶桑者」，永久解決大禍害，亞洲才有和平之日。

國際會大跳腳，讓他們跳，數月後無有過問者。若以傳統戰法，永無寧日，到廿二、廿三……世紀，

日艦夾擊　▼香港保釣船「啓豐二號」（中）在日本海上保安廳艦艇夾擊。（摘自讀

還有「日本問題」，倭人強大必然要侵略中國人，不如中國人先下手。

啊！廿一世紀的中國人，下定決心，團結起來打最後一戰吧！

保釣達陣
中國时报 2012.8.16.
登上釣島

▲保釣人士登島後，其中5人隨即遭日本警方逮捕。圖為保釣人士在「啓豐二號」船上的情形。
（摘自鳳凰網）

◀香港保釣船「啓豐二號」搭載的7名保釣人士，攜帶中華民國國旗及五星旗，於昨天下午4時30分左右登上釣魚島。　（摘自讀賣新聞網站）

香港保釣船「啓豐二號」登釣魚台示意圖

啓豐二號遭日本海上保安廳巡邏船包夾

日方巡邏船

啓豐二號

釣魚台

日方巡邏船

北

香港保釣船「啓豐二號」，昨下午四點半左右，帶著大陸五星旗與中華民國國旗成功由釣魚台西側登島並插旗。

參考書目

陳福成，《中國歷代戰爭新詮》，二〇〇六年，台北，時英出版社。

陳福成，《找尋理想國：中國式民主政治研究要綱》，二〇一一年，台北，文史哲出版社。

韓立基、潘富德譯，《一九九〇年代日本之安全保障》，民七十四年；（原著，佐伯喜一等），台北，國防部史政編譯局。

陳瑞亭譯，《日本侵台祕史》，民六十六年；（原著，松本正純，《台灣征討史》，一八九六年，台灣懇話會出版），台北，國防部史政編譯局。

鈕先鍾譯，《世界各國國力評估》，民七十一年，（原著，**Ray S. Cline**），台北，黎明文化出版。

慧開法師，〈生死之奧祕：業與輪迴〉，二○一○年。

張純如（**Iris chang**），《被遺忘的大屠殺──一九三七南京浩劫》，二○○一年，（原書英文名：**The Rape of Nanking-The Forgotten Holocaust of World War II**），蕭富元譯，台北，天下遠見出版公司。

尚·克利斯朵夫·維克多（**Jean-Chrislophe Victor**）、薇珍妮·黑頌（**Viginie Raisson**）法蘭克·提塔特（**Frank Te'tart**），《世界，未來會是什麼樣子？》，二○一○年，劉宗德、周幸譯，台北，大是文化有限公司。

陳福成，《山西芮城劉焦智「鳳梅人」報研究》，二○一○年，台北，文史哲出版社。

李隆生、張逸安譯，《當中國統治世界》，二○一○年，（原著：**Martin Jacgues,**

When China Rules the World: The Rise of the Middle Kingdom and the End of the Western Warld），台北，聯經出版公司。

大前研一，《低 IQ 時代》，二〇〇九年，劉錦秀譯，台北，商周出版。

李長浩編譯，《日本與東亞》，民六十四年，（原著：Donald C. Hellmann, Japan and East Asia，一九七二年，Praeger 出版），台北，國防部史政編譯局。

曾清貴譯，《日本自衛隊的真相》，民六十四年，（原著：小山內宏，こふが自衛隊だ，一九七四年，ダィャソド社），台北，國防部史政編譯局。

國防部作戰參謀次長室，《麥克爾與日本》，民五十九年。

陳福成著作全編總目

2015 年 9 月後新著

編號	書　名	出版社	出版時間	定價	字數（萬）	內容性質
81	一隻菜鳥的學佛初認識	文史哲	2015.09	460	12	學佛心得
82	海青青的天空	文史哲	2015.09	250	6	現代詩評
83	為播詩種與莊雲惠詩作初探	文史哲	2015.11	280	5	童詩、現代詩評
84	世界洪門歷史文化協會論壇	文史哲	2016.01	280	6	洪門活動紀錄
85	三搞統一：解剖共產黨、國民黨、民進黨怎樣搞統一	文史哲	2016.03	420	13	政治、統一
86	緣來艱辛非尋常－賞讀范揚松仿古體詩稿	文史哲	2016.04	400	9	詩、文學
87	大兵法家范蠡研究－商聖財神陶朱公傳奇	文史哲	2016.06	280	8	范蠡研究
88	典藏斷滅的文明：最後一代書寫身影的告別紀念	文史哲	2016.08	450	8	各種手稿
89	葉莎現代詩研究欣賞：靈山一朵花的美感	文史哲	2016.08	220	6	現代詩評
90	臺灣大學退休人員聯誼會第十屆理事長實記暨 2015～2016 重要事件簿	文史哲	2016.04	400	8	日記
91	我與當代中國大學圖書館的因緣	文史哲	2017.04	300	5	紀念狀
92	廣西參訪遊記（編著）	文史哲	2016.10	300	6	詩、遊記
93	中國鄉土詩人金土作品研究	文史哲	2017.12	420	11	文學研究
94	暇豫翻翻《揚子江》詩刊：蟾蜍山麓讀書瑣記	文史哲	2018.02	320	7	文學研究
95	我讀上海《海上詩刊》：中國歷史園林豫園詩話瑣記	文史哲	2018.03	320	6	文學研究
96	天帝教第二人間使命：上帝加持中國統一之努力	文史哲	2018.03	460	13	宗教
97	范蠡致富研究與學習：商聖財神之實務與操作	文史哲	2018.06	280	8	文學研究
98	光陰簡史：我的影像回憶錄現代詩集	文史哲	2018.07	360	6	詩、文學
99	光陰考古學：失落圖像考古現代詩集	文史哲	2018.08	460	7	詩、文學
100	鄭雅文現代詩之佛法衍繹	文史哲	2018.08	240	6	文學研究
101	林錫嘉現代詩賞析	文史哲	2018.08	420	10	文學研究
102	現代田園詩人許其正作品研析	文史哲	2018.08	520	12	文學研究
103	莫渝現代詩賞析	文史哲	2018.08	320	7	文學研究
104	陳寧貴現代詩研究	文史哲	2018.08	380	9	文學研究
105	曾美霞現代詩研析	文史哲	2018.08	360	7	文學研究
106	劉正偉現代詩賞析	文史哲	2018.08	400	9	文學研究
107	陳福成著作述評：他的寫作人生	文史哲	2018.08	420	9	文學研究
108	舉起文化使命的火把：彭正雄出版及交流一甲子	文史哲	2018.08	480	9	文學研究

09	我讀北京《黃埔》雜誌的筆記	文史哲	2018.10	400	9	文學研究
10	北京天津廊坊參訪紀實	文史哲	2019.12	420	8	遊記
11	觀自在綠蒂詩話：無住生詩的漂泊詩人	文史哲	2019.12	420	14	文學研究
12	中國詩歌墾拓者海青青：《牡丹園》和《中原歌壇》	文史哲	2020.06	580	6	詩、文學
13	走過這一世的證據：影像回顧現代詩集	文史哲	2020.06	580	6	詩、文學
14	這一是我們同路的證據：影像回顧現代詩題集	文史哲	2020.06	540	6	詩、文學
15	感動世界：感動三界故事詩集	文史哲	2020.06	360	4	詩、文學
16	印加最後的獨白：蟾蜍山萬盛草齋詩稿	文史哲	2020.06	400	5	詩、文學
17	台大遺境：失落圖像現代詩題集	文史哲	2020.09	580	6	詩、文學
18	中國鄉土詩人金土作品研究反響選集	文史哲	2020.10	360	4	詩、文學
19	夢幻泡影：金剛人生現代詩經	文史哲	2020.11	580	6	詩、文學
20	范蠡完勝三十六計：智謀之理論與全方位實務操作	文史哲	2020.11	880	39	戰略研究
21	我與當代中國大學圖書館的因緣（三）	文史哲	2021.01	580	6	詩、文學
22	這一世我們乘佛法行過神州大地：生身中國人的難得與光榮史詩	文史哲	2021.03	580	6	詩、文學
23	地瓜最後的獨白：陳福成長詩集	文史哲	2021.05	240	3	詩、文學
24	甘薯史記：陳福成超時空傳奇長詩劇	文史哲	2021.07	320	3	詩、文學
25	芋頭史記：陳福成科幻歷史傳奇長詩劇	文史哲	2021.08	350	3	詩、文學
26	這一世只做好一件事：為中華民族留下一筆文化公共財	文史哲	2021.09	380	6	人生記事
27	龍族魂：陳福成籲天錄詩集	文史哲	2021.09	380	6	詩、文學
28	歷史與真相	文史哲	2021.09	320	6	歷史反省
29	蔣毛最後的邂逅：陳福成中方夜譚春秋	文史哲	2021.10	300	6	科幻小說
30	大航海家鄭和：人類史上最早的慈航圖證	文史哲	2021.10	300	5	歷史
31	欣賞亞媺現代詩：懷念丁潁中國心	文史哲	2021.11	440	5	詩、文學
32	向明等八家詩讀後：被《食餘飲後集》電到	文史哲	2021.11	420	7	詩、文學
33	陳福成二〇二一年短詩集：躲進蓮藕孔洞內乘涼	文史哲	2021.12	380	3	詩、文學
34	中國新詩百年名家作品欣賞	文史哲	2022.01	460	8	新詩欣賞
35	流浪在神州邊陲的詩魂：台灣新詩人詩刊詩社	文史哲	2022.02	420	6	新詩欣賞
36	漂泊在神州邊陲的詩魂：台灣新詩人詩刊詩社	文史哲	2022.04	460	8	新詩欣賞
37	陸官 44 期福心會：暨一些黃埔情緣記事	文史哲	2022.05	320	4	人生記事
38	我躲進蓮藕孔洞內乘涼--2021 到 2022 的心情詩集	文史哲	2022.05	340	2	詩、文學
39	陳福成 70 自編年表：所見所做所寫事件簿	文史哲	2022.05	400	8	傳記
40	我的祖國行腳詩鈔：陳福成 70 歲紀念詩集	文史哲	2022.05	380	3	新詩欣賞

141	日本將不復存在：天譴一個民族	文史哲	2022.06	240	4	歷史研究

陳福成國防通識課程著編及其他作品

（各級學校教科書及其他）

編號	書　名	出版社	教育部審定
1	國家安全概論（大學院校用）	幼　獅	民國 86 年
2	國家安全概述（高中職、專科用）	幼　獅	民國 86 年
3	國家安全概論（台灣大學專用書）	台　大	（臺大不送審）
4	軍事研究（大專院校用）（註一）	全　華	民國 95 年
5	國防通識（第一冊、高中學生用）（註二）	龍　騰	民國 94 年課程要綱
6	國防通識（第二冊、高中學生用）	龍　騰	同
7	國防通識（第三冊、高中學生用）	龍　騰	同
8	國防通識（第四冊、高中學生用）	龍　騰	同
9	國防通識（第一冊、教師專用）	龍　騰	同
10	國防通識（第二冊、教師專用）	龍　騰	同
11	國防通識（第三冊、教師專用）	龍　騰	同
12	國防通識（第四冊、教師專用）	龍　騰	同

註一　羅慶生、許競任、廖德智、秦昱華、陳福成合著，《軍事戰史》（臺北：全華圖書股份有限公司，二〇〇八年）。

註二　《國防通識》，學生課本四冊，教師專用四冊。由陳福成、李文師、李景素、頊臺民、陳國慶合著，陳福成也負責擔任主編。八冊全由龍騰文化事業股份有限公司出版。